CÓMO HABLAR DE SEXUALIDAD CON SUS HIJOS

Vivianne Hiriart

CÓMO HABLAR
DE SEXUALIDAD
CON SUS HIJOS

PAIDÓS
México • Buenos Aires • Barcelona

Cubierta: Joan Batallè

1ª edición, 2005

D. R. © de todas las ediciones en castellano,
    Editorial Paidós Mexicana, S. A.
    Rubén Darío 118, col. Moderna,
    03510, México, D. F.
    Tel.: 5579-5922, fax: 5590-4361
    epaidos@paidos.com.mx
D. R. © Ediciones Paidós Ibérica, S. A.
    Mariano Cubí 92, 08021, Barcelona

ISBN: 968-853-624-5

Página web: www.paidos.com

Impreso en México - Printed in Mexico

ÍNDICE

INTRODUCCIÓN

¿Se acuerda de cuando era pequeño? Trate de remontarse en su historia y recordar qué ideas pasaban por su cabeza sobre lo que más tarde concibió como sexualidad. Probablemente venga a su memoria lo que pensaba del origen de los bebés o sus inquietudes sobre los besos entre las parejas, las fotos de desnudos que alguna vez vio en revistas o los genitales de otras personas, chicas o adultas. Quizá recordará a qué jugaba con sus amigos y amigas: sus representaciones del papá y la mamá, de la secretaria, el piloto o el doctor. Tal vez traiga a la mente las diferencias que observaba entre hombres y mujeres, no sólo en el cuerpo, sino también en la manera de expresarse, en las actitudes de unos hacia otros o en las distintas formas en que se comunicaban su padre y su madre con usted y sus hermanas, hermanos o primos; o las conclusiones a las que usted mismo llegaba cuando no entendía ciertas enfermedades o situaciones complejas de las que tenía poca información.

¿Y cuando creció? ¿Le preocupaba su cuerpo? Haga memoria de las sensaciones que le provocaban los primeros cambios corporales, de las pláticas con sus amigos y amigas, de sus dudas y temores; luego pase a la etapa en la que salió con alguien por primera vez, cuando le interesaba ser atractivo y aceptado por sus amigos y le llamaban la atención los besos y las expresiones eróticas y de afecto entre las parejas. Para esos intereses, dudas y expresiones sexuales, poco a poco fue encontrando respuestas más o menos satisfactorias. Su sexualidad, junto con usted, pasó por todo un proceso de crecimiento a través del cual ha llegado a verla y vivirla como lo hace hoy.

Seguramente muchas de sus inquietudes, entre ellas las sexuales y las relacionadas con el cuerpo y los vínculos amorosos, estaban motivadas por la curiosidad de entender el mundo y por la necesidad de adaptarse a él de alguna manera. Lo mismo les sucede a sus hijos, sean niños, púberes o adolescentes. Están creciendo, están descubriendo el mundo y las formas de relación que en él se dan, y, tal como le ocurrió a usted, se plantean múltiples cuestionamientos sobre muchos temas, entre ellos los que tienen que ver con su cuerpo y su sexualidad.

Usted puede tratar estos temas con ellos de una manera accesible y abierta que les permita formarse esquemas más claros y congruentes para aceptar, entender e integrar su sexualidad. Del mismo modo, puede acompañarlos en esa parte del proceso ayudándoles a desarrollar herramientas útiles para vivir una sexualidad sana, satisfactoria, gozosa y responsable, ahora y en las etapas posteriores de su vida.

Por sexualidad sana y responsable se entiende que las personas sean capaces de aceptar su cuerpo y sentirse cómodas con él, así como con sus sentimientos sexuales. Que reconozcan y asuman sus deseos y tomen decisiones sobre ellos de manera consciente, respetuosa de sí mismas y de los demás. Una sexualidad sobre la que puedan buscar información y aclarar sus dudas, que experimenten como una parte inherente a ellas mismas y de la que disfruten al tiempo que previenen riesgos y respetan los sentimientos y espacios de los otros.

Muchos padres desean que sus hijos vivan su sexualidad sin conflictos, vergüenzas o culpas, y que estén bien informados para manejarla en etapas posteriores. Aunque tienen una idea más o menos clara de lo que quieren que aprendan, con frecuencia les surgen dudas sobre situaciones particulares que se van presentando día con día.

El propósito de este libro es, por un lado, invitar a las madres y a los padres a reflexionar sobre las actitudes y creencias que tienen en torno a la sexualidad en general y sobre cómo éstas se reflejan en los mensajes que les transmiten a sus hijos, muchas veces sin darse cuenta. Por otro lado, se presenta aquí información que puede ayudar a comprender las dudas y manifestaciones sexuales de niños, púberes y adolescentes, y también resulta útil para responder a dichas inquietudes de una forma clara, que facilite la confianza y comunicación entre padres e hijos.

A menudo tenemos un concepto restringido de lo que es la sexualidad; pensamos que se relaciona sólo con la genitalidad, y esto despierta más dudas y dificultades a la hora de hablar con los hijos. Por eso este libro comienza mostrando cómo las concepciones que tengamos de la sexualidad afectan, naturalmente, la forma como tratemos el tema con nuestros hijos.

Sobre la sexualidad, y sobre nuestro sexo, aprendemos a partir de lo que vemos, oímos y vivimos cotidianamente; aprendemos de lo que se dice, pero también de los silencios, reacciones y miradas. El segundo capítulo se refiere a lo que vamos conociendo sobre el cuerpo, lo que nos dicen las reacciones de la gente, las normas acerca de lo que se espera de nosotros y cómo interviene esto en nuestro desarrollo.

En los capítulos subsecuentes se va tratando de manera progresiva el tema de la sexualidad: primero la de los niños, sus manifestaciones a través del juego y las dudas comunes que les surgen a los adultos, así como las preguntas que les plantean los pequeños. También se habla de los temores de los padres a que su hijo o hija sea homosexual, de las etiquetas y el manejo que damos los adultos, o los mismos niños, a algunas supuestas manifestaciones de la orientación sexual, de cómo hay que abordar el tema del VIH/sida con los niños y los riesgos reales o los miedos infundados acerca de la convivencia de los hijos con personas infectadas, así como del abuso sexual, las señales de su presencia y los modos de prevenirlo.

Con respecto a la pubertad, podrá encontrar información general sobre los cambios físicos que mujeres y hombres experimentan, las sensaciones y dudas que les provocan y la importancia de hablar de ellos más allá de la mera parte biológica; asimismo, sobre los cambios emocionales, la importancia de fijar límites y las dudas más frecuentes que se plantean en esta etapa.

En la adolescencia los cambios físicos continúan, aunque de manera menos drástica, y las preocupaciones se centran más en los ajustes emocionales y las nuevas experiencias. Así, los adolescentes suelen tener dudas más específicas sobre lo que están viviendo y sobre situaciones que, si bien no han experimentado todavía, ya ven como una posibilidad más cercana. La autoestima se va forjando desde la infancia y atañe a todas las edades, por lo que es importante tomar en cuenta desde las primeras etapas la información que aquí se ofrece al respecto. No obstante, el tema de la autoestima se incluye en el apartado de adolescencia debido a que es un periodo en el que se ve muy cuestionada por los mismos jóvenes, y la idea preconcebida de que los adolescentes no saben lo que quieren ayuda poco a reforzarla.

En esta sección también encontrará algunas de las inquietudes comunes sobre las relaciones sexuales, los embarazos no deseados y las infecciones de transmisión sexual. Se incluye alguna información sobre estos temas, pero si las inquietudes de sus hijos lo requieren, es recomendable consultar otros textos que los aborden con más detalle (en la bibliografía y en notas a pie de página se mencionan algunas fuentes de consulta).

Aunque sus hijos sean más chicos o más grandes, le sugiero que lea el libro completo, no sólo el apartado que se enfoque a la edad que en este momento le preocupa, pues en las distintas secciones encontrará información aplicable a todas las etapas, además de que obtendrá una idea más completa de los temas de su interés.

Antes de entrar en materia, quisiera manifestar mi agradecimiento a todas las personas que de una u otra manera participaron en la publicación de este libro. Especialmente a Laura Lecuona, coordinadora editorial de Paidós Mexicana, por la invitación a escribirlo, y a Javier Domínguez del Olmo, oficial nacional de Programas del Fondo de Población de Naciones Unidas y anterior secretario técnico del grupo temático ONUSIDA, por sus valiosos comentarios a las secciones sobre VIH/sida.

Gracias, finalmente, a usted que lo tiene ahora en sus manos. Espero que disfrute su lectura.

CAPÍTULO I

LA SEXUALIDAD

Dos de las principales preguntas que se hacen las madres y los padres respecto a la sexualidad de sus hijos son cuándo empezar a hablarles del tema y qué decirles.

Para responder a estas cuestiones es conveniente analizar qué entendemos por sexualidad ya que el concepto que manejemos influirá forzosamente en nuestra forma de tratar el tema, y tener una visión más clara sobre éste nos ayudará a enfrentar los temores que nos despierta. Además, quizá estemos transmitiendo un gran número de mensajes al respecto sin siquiera percatarnos de ello.

Comúnmente, las palabras *sexo* y *sexualidad* nos remiten a las relaciones sexuales, y ya desde ahí se empieza a complicar el asunto porque entonces suponemos que la sexualidad inicia cuando uno tiene vida de pareja o, si acaso, cuando llegamos a la pubertad, etapa en la que somos más conscientes de los cambios del cuerpo y empezamos a sentir atracción por otras personas. Si este concepto de sexualidad se circunscribe, además, a la idea de que las relaciones sexuales se realizan para reproducirse, es fácil concluir que los niños, púberes y adolescentes no están en edad de hacerlo y, por lo mismo, no tienen relaciones sexuales, de manera que no parece necesario hablar con ellos del tema hasta que sean mayores. También podría pensarse que a sus 8, 10 o 12 años estaría fuera de lugar hacerlo, pues ello acabaría con su inocencia o los incitaría a tener experiencias sexuales. La sexualidad, sin embargo, es mucho más que el coito, y muchas veces por evitar hablar de ella dejamos fuera otros aspectos de vital importancia para el desarrollo de nuestros hijos. El sexo tiene que ver con aspectos biológicos, sociales, culturales y emocionales que se van construyendo durante todos los años de nuestra vida, desde el nacimiento hasta la muerte. No todas las personas experimentamos la sexualidad del mismo modo, y en las diversas sociedades del mundo se le ha percibido de manera distinta a lo largo de la historia.

En el transcurso de nuestra vida, y de acuerdo con nuestras necesidades, los seres humanos asumimos y expresamos de diferentes formas la sexualidad. Ésta se relaciona con el cuerpo, el sexo biológico, nuestro desarrollo y las reacciones físicas que experimentamos por la estimulación de los sentidos y la imaginación. La sexualidad tiene que ver, también, con los afectos y vínculos que establecemos con los demás, lo que aprendemos en una determinada cultura, las expresiones eróticas que percibimos como adecuadas o inadecuadas en un determinado contexto y los sentimientos que todo ello nos produce. Como afirman William Masters y Virginia Johnson, se trata de una dimensión de la personalidad, no sólo de la aptitud de generar una respuesta erótica. La sexualidad forma parte integral de lo que somos; no podemos desprendernos de ella ni hacer que aparezca únicamente a ratos.

La sexualidad se aprende. A partir de las bases que nos dan los padres establecemos relaciones con quienes nos rodean, conocemos e interpretamos nuestro cuerpo y sus reacciones y vemos nuestros genitales como una parte natural de nosotros mismos, o bien nos avergonzamos de ellos y nos incomodamos; es decir, conocemos cada uno de nuestros órganos y nos apropiamos de ellos y de las sensaciones que experimentamos o, por el contrario, los omitimos de nuestros esquemas.

Entonces, si la sexualidad es un concepto creado y algo que aprendemos, cabe hacernos la pregunta que Jeffrey Weeks plantea en su libro *Sexualidad:* "¿Se puede cambiar?"

Al pensar en qué entendemos por sexualidad, qué hemos aprendido de ella, cómo percibimos sus diferentes aspectos, qué queremos conservar y qué no deseamos reproducir en nuestra familia, nos será más fácil saber lo que queremos transmitir a nuestros hijos al respecto y hacerlo de manera más consciente y congruente.

No existe un modo universalmente adecuado de vivir la sexualidad, pero sí hay formas que permiten que su vivencia sea positiva, natural y responsable, libre de culpas, miedos y tabúes y dentro de relaciones equitativas, de respeto mutuo y constructivas.

LOS TEMORES

La sola idea de hablar de sexualidad con los niños y los adolescentes nos inquieta. Sus conductas y preguntas nos sorprenden, algunas veces nos incomodan y otras tantas nos confrontan con nuestra propia sexualidad. Generalmente, no estamos seguros de contar con la información necesaria para responderles y aclarar sus dudas porque a nosotros tampoco nos hablaron mucho del tema. Además, creer que la sexualidad sólo está asociada con la genitalidad y la reproducción, aspectos que consideramos no aptos para la edad de nuestros hijos —aunque a veces estén más enterados de lo que creemos—, nos hace suponer que si les hablamos del tema vamos a despertarles más curiosidad y esto los llevará a buscar ese tipo de actividades sexuales. Sin embargo, muchos estudios[1] han demostrado que no sucede así. Al contrario, cuando los jóvenes reciben una educación completa de la sexualidad esperan más tiempo para iniciar sus relaciones sexuales y son más propensos a utilizar anticonceptivos una vez que las tienen, es decir, se preparan para vivir su sexualidad de manera más responsable.

Por la impresión de que todavía les falta mucho a los hijos para que inicien su vida sexual y ante el temor de provocar que ese momento se adelante, evitamos hablar del tema. No obstante, muchas veces ignoramos que ellos ya empezaron a tener experiencias eróticas y se enfrentan a ellas con las pocas herramientas con las que cuentan. Un estudio convocado por la Sociedad de Medicina Adolescente de los Estados Unidos, dado a conocer en 2004, mostró que 84% de los padres de adolescentes creían que sus hijos no eran sexualmente activos, mientras que la Encuesta Nacional de Padres de Adolescentes revelaba que casi la mitad de los jóvenes de entre 14 y 18 años ya habían tenido relaciones sexuales.

Los resultados de otros siete estudios estadounidenses realizados a finales de los noventa, analizados en un reporte de la National Campaign to Prevent Teen Pregnancy (Campaña Nacional para Prevenir Embarazos de Adolescentes), también dan a conocer datos dignos de llamar la atención (véase World Population News Service Popline). En los Estados Unidos, uno de cada cinco jóvenes ha tenido relaciones sexuales antes de los 15 años, al igual que 4% de los adolescentes (o todavía púberes) de 12 años, 10% de los que tienen 13 años y 19% de los que tienen 14. El 30% de los jóvenes ha participado en intercambio de caricias desde los 14 años.

En México, según datos de la Encuesta Nacional de Juventud (2000), 33% de los jóvenes tuvieron su primer noviazgo entre los 12 y los 14 años y 58% entre los 15 y los 19 años. El 77% de los adolescentes experimentaron su primera relación sexual antes de los 19 años y sólo la mitad de ellos usó un método anticonceptivo.

Ayudar a los hijos a estar preparados para tomar decisiones sobre su

---

[1] Véanse por ejemplo los del Programa Conjunto de Naciones Unidas para el VIH/sida, la guía del Grupo Especial de Trabajo Para la Adaptación Hispana/Latina, y el *Nuevo informe Kinsey sobre sexo* de June Reinisch y Ruth Beasley.

sexualidad y sus relaciones interpersonales no se logra sentándonos con ellos un día a hablar de las abejas y las flores, o sólo diciéndoles que cuando vayan a tener relaciones usen condón o que frente a una posibilidad así deben negarse. El aprendizaje de la sexualidad es parte de un proceso que inicia en la infancia. Los niños y los jóvenes van aprendiendo sobre su cuerpo, a tomar decisiones adecuadas según su edad, a respetar, a ser responsables, a tener seguridad en sí mismos y otras muchas cosas más.

UN PROCESO

La sexualidad está presente desde los primeros momentos de la vida. Los órganos sexuales tienen reacciones desde que el feto está en el vientre de la madre. Con el ultrasonido se ha observado que los varones tienen erecciones reflejas aun antes de nacer, y en los primeros meses de su vida siguen apareciendo más o menos cada hora y media. Las niñas también presentan entumecimiento de los labios de la vulva y del clítoris, mas esto no quiere decir que haya una excitación sexual como la entendemos en el caso de un adulto. Los niños exploran sus genitales, los tocan, los reconocen y buscan también conocer los de los otros niños. Tienen curiosidad acerca de por qué los hombres tienen pene y las mujeres vulva, o por qué su cuerpo es distinto del de los adultos, y en sus juegos tienden a imitar lo que ven a su alrededor en relación con estos aspectos. Así van descubriendo su cuerpo y el de los demás y van forjando su identidad sexual.

Desde la gestación, determinado por los cromosomas (sexo cromosómico) y las hormonas (sexo hormonal), el embrión desarrolla órganos sexuales masculinos o femeninos. Al nacer, se asigna un sexo en función de la apariencia de los genitales,[2] pero transcurre cierto tiempo antes de que el niño se identifique con él. Alrededor del año y medio, los niños y las niñas ya son conscientes de las diferencias entre hombres y mujeres y se dan cuenta de que ellos tienen pene y ellas vulva. Cerca de los dos años y medio se perciben como hombres o mujeres y se identifican con su género, lo cual no determina la orientación sexual que tendrán en el futuro. Alrededor de los 5 años empiezan a aprender su rol sexual y a darse cuenta de lo que se espera de ellos en función de su sexo biológico.

[2] La mayoría de las veces el sexo asignado coincide con el genético, pero en ocasiones puede haber alteraciones que modifican la apariencia de los órganos sexuales y los hacen ver ambiguos, como un pene muy chico o un clítoris muy grande, con lo que el sexo que dijeron que tenía el bebé al nacer no corresponde con el que marcan sus genes. Para más información, véase el capítulo "Intersexos", en Vivianne Hiriart, *Sexo. Todo lo que ha preguntado y le han contestado a medias.*

Al llegar a la pubertad, los niños enfrentan una serie de cambios corporales que les generan ansiedad, dudas y el deseo de reafirmar su individualidad. En la adolescencia se replantea la identidad sexual. Cada etapa tiene necesidades distintas. Desde pequeños, y hasta la vejez, vivimos este proceso de transformaciones y no dejamos de aprender de él y de sus variantes.

LA IMPORTANCIA DE INTEGRAR LA SEXUALIDAD DESDE LAS PRIMERAS ETAPAS DE LA VIDA

Para que en la vida adulta los niños y los jóvenes puedan tener una sexualidad sana es importante que la vayan integrando desde las primeras etapas de la vida, es decir, que desde pequeños puedan estructurar un esquema corporal completo en el que estén incluidos los genitales. Al percibir su cuerpo y su sexualidad como adecuados, se apropiarán de éstos y les será más fácil decidir sobre ellos y asumirlos de manera constructiva. Esto redundará en el desarrollo positivo de su autoestima y de la propia imagen como hombres o mujeres, lo que sentará bases más sólidas para que establezcan buenas relaciones interpersonales. Al asumir su sexualidad como algo positivo, se sentirán con derecho a disfrutar de su cuerpo y de sus sensaciones y podrán hablar del tema, preguntar cuando tengan dudas y protegerse cuando sea necesario.

CAPÍTULO 2

¿CUÁNDO EMPEZAR A HABLAR?

La pregunta capital es cuándo debemos empezar a hablarles a los niños sobre sexualidad. En realidad, como mencionamos, lo hacemos desde que nacen y muchas veces no nos damos cuenta de ello. Los vestimos distinto en función de si son hombres o mujeres, llenamos su cuarto de juguetes "masculinos" o "femeninos" y hasta los cargamos o les hablamos de diferente forma según su sexo. Debra Haffner, anterior directora del Consejo de Información y Educación Sexual de Estados Unidos, comenta en su libro *De los pañales a la primera cita* que varias investigaciones demuestran que las madres miran, sonríen, acunan y abrazan más a sus hijas que a sus hijos, lo que estimula que las mujeres sean más emotivas y sociables. Con los varones, en cambio, esperan más tiempo para atender sus necesidades y quizá eso motive en ellos un mayor deseo de independencia. Los padres, a su vez, juegan y hablan más con sus hijos que con sus hijas.

Definitivamente estamos enviando mensajes continuos, y de manera espontánea nos sale aquello que pensamos de cada sexo, del cuerpo y de otros aspectos ligados con la sexualidad.

Cuando los niños empiezan a descubrir su cuerpo, con frecuencia reaccionamos diciéndoles "no te toques", "déjate ahí". Asociamos los genitales con suciedad y empezamos a ponerles nombres distintos de los reales. Festejamos que reconozcan las partes de su cuerpo, les enseñamos el nombre de la cabeza, los ojos, la nariz, la boca, el ombligo y... de pronto nos brincamos a las rodillas y los pies. ¿Los genitales? Parece que no existen. Los adultos nos referimos a ellos como "eso", "ahí abajo", "donde te platiqué" o "el ya sabes". Desde niños vamos borrando los órganos sexuales de nuestro esquema corporal y se nos presentan como una parte molesta que nos impide vivir la sexualidad con naturalidad y responsabilidad en la adolescencia y en la edad adulta. Por lo regular preferimos no mencionar su nombre porque nos parece una palabra muy "fuerte" o inadecuada para un niño. Pero ¿cómo conocer y cuidar algo que se supone que no tenemos? ¿Cómo aceptar los cambios de la pubertad de manera natural cuando se presentan justo en esas zonas cargadas de vergüenza? ¿Cómo poner límites a una situación de abuso cuando se trata del contacto con esa parte de nuestro cuerpo que nos genera conflicto? ¿Y cómo disfrutar libremente de la intimidad y el erotismo cuando nos sentimos incómodos con nuestro cuerpo y nos avergonzamos de él?

La carga la ponemos nosotros, la cultura, lo que hemos aprendido, pero, en sí mismas, las palabras *pene* o *vulva* no tienen ningún poder artificial ni suenan distintas o más complicadas para los niños que *oreja* u *ombligo*. Generalmente, los más sorprendidos al escucharlas en boca de un niño son los adultos, no los niños. Algunos padres comentan que les enseñan los nombres reales de los genitales a sus hijos, pero les piden que cuando estén con otros niños o en casa de alguien más eviten decirlos por temor a la desaprobación de los mayores, que no acostumbran utilizarlos. Y si actuamos así porque esos términos nos parecen "muy fuertes", porque preferimos desexualizar los órganos o para evitar mayores curiosidades, ¿no estaremos aumentando la intriga al ponerles apodos al pene y a la vulva y al manifestar incomodidad frente a sus nombres o ante las conductas que los involucran, como el tocarlos?

Lo ideal es que los niños y las niñas conozcan los nombres reales de sus genitales y puedan llamarlos así sin problema. Esto les permite formarse una imagen más completa de su cuerpo y tener un manejo más natural de éste y de su sexualidad. Les da los elementos para hablar espontáneamente de esa parte, de las sensaciones que experimentan, y aprender más sobre ella, cuidarla y tener una buena higiene. Si pueden nombrar sus genitales es más fácil que comuniquen si surge alguna molestia que deba ser atendida o si alguien los ha tocado inapropiadamente. Referirse con naturalidad al pene y a la vulva ayuda a eliminar la sensación de tabú. Es más difícil sostener una conversación en torno a estos órganos si hemos aprendido que no deben llamarse por su nombre, tan complicado como sentir adecuada esa parte del cuerpo que genera incomodidades y rubores tan sólo al mencionarse.

LOS SILENCIOS

Por vergüenza, por incomodidad, por no saber qué decir o cómo reaccionar, algunas veces no respondemos a las preguntas de los hijos. No obstante, cuando guardamos silencio también les enviamos un mensaje: ese tema no se toca, de eso no puedes hablar conmigo, tus preguntas son imprudentes.

Los cuestionamientos de los niños surgen espontáneamente. De pronto preguntan por qué los órganos sexuales de hombres y mujeres son diferentes, cómo nacen los bebés o por qué las parejas se dan besos. Muchas veces nos sorprenden y nos sentimos en aprietos, pero cuando nos tomamos un momento para averiguar el origen de la pregunta y formular una respuesta concreta y adaptada a su edad, respondemos a su inquietud y con ello reforzamos la idea de que su curiosidad e interrogantes son pertinentes e importantes, y les hacemos saber que pueden recurrir a nosotros para aclararlas. Además, alentamos la idea de que, al igual que de otros temas, pueden hablar de sexualidad con su padre y con su madre. Cuando no sabemos la respuesta a sus preguntas, en lugar de evitar la conversación podemos sugerirles buscar juntos una explicación. Si rehuimos el tema, la curiosidad no desaparecerá. Lo más probable es que busquen una respuesta en otro medio, con los amigos, en la televisión o en las conversaciones de los adultos, y obtengan una explicación que muchas veces no estará apegada a la realidad.

Las respuestas las daremos en función de la pregunta, sin ir más allá de lo que el niño desea saber y usando un lenguaje apto para su edad, pero sin recurrir a la mentira ni a la falsa información. A veces optamos por decir, por ejemplo, que cuando nace un bebé abren el vientre de la madre y por ahí lo sacan (lo que sucede en algunos casos, mas no es la vía natural ni la norma). Una vez que el hijo se entere de la respuesta real, podría quedarse con la impresión de que sus preguntas no son tomadas con seriedad. Las explicaciones demasiado fantasiosas, que podrían parecer idóneas para los niños, suelen dejar demasiados espacios abiertos a la imaginación, lo que puede causar una interpretación errónea de lo que ocurre a su alrededor, y de ello derivarse algún conflicto. Varios adultos cuentan hoy cómo en su infancia les explicaron que el papá ponía una semilla en la panza de la mamá y de ahí nacía un bebé, lo que por años les impedía comer frutas con semilla por miedo de que les creciera un hijo; o que cuando un hombre y una mujer se amaban tenían un hijo, por lo que trataban de ir en contra de los sentimientos que les inspiraba la compañera o el compañero de banca, a los 6 o 7 años, por miedo a tener un bebé. Así, una respuesta concreta, apegada a la realidad, puede ser más satisfactoria que otra metafórica. Hablaremos más de esto en el capítulo dedicado a las preguntas e intereses de los niños.

En todas las edades surgen la curiosidad y la necesidad de una explicación de lo que no entendemos con respecto a la sexualidad. Difícilmente habrá alguien que no esté en edad de recibir una respuesta. Sobre todo, hay que considerar que si un hijo está planteando una duda es porque en ese momento tiene necesidad de aclararla.

MIEDO, VERGÜENZA Y CULPA

Junto con algunos mensajes que cotidianamente transmitimos de manera automática y sin darnos mucha cuenta, en ocasiones también buscamos generar miedo y culpa en los niños y jóvenes, en un intento de controlar su sexualidad. Quizá pensamos que si les hacemos creer que la masturbación les causa daños o que la curiosidad sexual es algo inaceptable las evitarán. No obstante, esto no suele ser muy efectivo: el impulso sigue existiendo, muchos lo llevan a la práctica sintiéndose mal por ello y es probable que esto afecte la seguridad en sus decisiones futuras. Los pequeños quizá husmean para ver un cuerpo desnudo o la ropa interior de sus compañeros o de sus compañeras, y luego se avergüenzan y se sienten culpables. Lo mismo puede sucederle a un joven o a una joven que, a pesar de haber aprendido que explorar su cuerpo y tocarlo no es conveniente, lo hacen y sienten placer con el contacto pero, al mismo tiempo, esto les provoca incomodidad.

¿QUÉ IMPLICAN LA VERGÜENZA Y LA CULPA?

La vergüenza, explica el científico social Jon Elster (*Sobre las pasiones*), es una emoción desencadenada por aspectos no aprobados del propio carácter. Se relaciona con lo que uno es, con una inconformidad en el ser. Es creer que algo en nosotros está mal. Así, avergonzarse de los propios órganos sexuales es una expresión de la incomodidad que se experimenta por tenerlos. Lo mismo sucede con los deseos sexuales: ¿por qué nos daría vergüenza sentirlos o disfrutarlos si no los consideramos un defecto, un error en nosotros mismos o algo que preferiríamos ocultar? Estos sentimientos negativos se incorporan desde la infancia, pero el proceso de aprendizaje, por supuesto, continúa en la edad adulta. Cuando se siente vergüenza de las necesidades del cuerpo o de los deseos preferimos que los demás los ignoren porque suponemos que si no es así no nos querrán o su estima por nosotros disminuirá. Tememos manifestarle a la pareja los deseos por estar con ella o expresarle nuestras preferencias, pues no nos sentimos cómodos con ello. Asimismo, es posible que la vergüenza que nos despierta nuestra propia sexualidad interfiera en la posibilidad de hablar con nuestros hijos del tema, pues sus preguntas muchas veces nos confrontan con este aspecto que nos cuesta tanto trabajo aceptar.

La culpa, según el mismo Elster, se deriva de una creencia sobre la propia acción. Sentimos culpa cuando creemos que actuamos incorrectamente y que deberíamos subsanar el error o recibir un castigo por él. Podríamos sentirnos culpables de haber disfrutado un encuentro sexual, de haber practicado la masturbación e incluso de tener curiosidades sexuales, porque eso no es correcto según nuestras creencias. También podríamos sentirnos mal si nos dejamos llevar por nuestros deseos cuando según nuestros esquemas debimos habernos controlado.

Con el miedo, la culpa y la vergüenza no podemos asumir la sexualidad como parte de nosotros. Intentamos negarla, esconderla y no hablar de ella. Sin embargo, sigue estando ahí, la vivimos y tenemos conductas sexuales pero nos sentimos mal por ello. Es como vivirla a medias, estar intranquilos y en conflicto con ella.

Los silencios de los padres no suelen tener, como se espera, el efecto de proteger a los jóvenes de la actividad sexual y de sus consecuencias, ni de mantenerlos alejados de ella. En cambio, que puedan hablar del tema desde pequeños, integrar la sexualidad a su vida de manera natural y aprender a ir tomando decisiones y a hacerse responsables de acuerdo con su edad, les permite manejarla mejor y sentirse seguros y cómodos en sus relaciones interpersonales, con lo que son y con lo que sienten.

EL REFLEJO DEL ENTORNO

Por medio del juego, los niños expresan espontáneamente lo que han aprendido sobre las relaciones interpersonales, el género y la sexualidad. De pronto los vemos que se dan besos porque es lo que ven en la televisión, o que adoptan el papel del papá o de la mamá interpretando los patrones de conducta de su entorno familiar. Algunos jugarán a que el papá y la mamá salen a cenar juntos, otros a que el papá llega del trabajo y la mamá lo espera con la cena y las noticias de cómo se portaron sus hijos y si debe castigarlos o regañarlos; otros también juegan a que de pronto el papá llegaba a la casa enojado y le gritaba a la mamá. Los niños observan mucho más de lo que creemos y con sus actividades lúdicas y fantasías pueden asombrarnos o reflejarnos a nosotros mismos. Ellos no sólo captan lo que decimos, también perciben finamente lo que hacemos.

LA CONGRUENCIA

Shultz y Hedges mencionan que un hombre, al recordar cómo había aprendido de sexualidad en la infancia, comentaba que su padre le había dicho: "Ya sabes, hijo, si alguna vez tienes alguna pregunta, aquí estoy", y eso fue todo (véase "Escuchándonos hablar"). En el discurso, el padre mostró cierta apertura, pero en la práctica la sensación del chico era más bien de distancia con él. Es mucho más fácil decir las cosas que hacerlas. De pronto nos encontramos teniendo conductas o reacciones contrarias a lo que les hemos dicho a los hijos. Les pedimos, por ejemplo, que se acerquen a nosotros para aclarar sus dudas sobre sexualidad, pero cuando preguntan les respondemos que no es el momento, o estamos muy ocupados y después olvidamos retomar el asunto. En nuestras pláticas sostenemos que los hombres y las mujeres tienen las mismas capacidades y derechos, pero pedimos a las niñas que ayuden con las labores de la cocina o la limpieza, mientras que a los hombres les damos mayor libertad para disfrutar su tiempo libre y su sexualidad, o los impulsamos a que aprendan actividades "masculinas" como mecánica o electricidad, pero no a cocinar. Decimos que no hay que avergonzarnos del cuerpo, pero cuando por alguna razón llegan a vernos desnudos pegamos un brinco para taparnos con lo primero que encontramos. No se trata de forzarse a hacer cosas que a uno no le nacen, ni de bañarse con los hijos para demostrarles que el cuerpo es natural cuando en el fondo nos sentimos profundamente incómodos. Por supuesto, así como ellos tienen derecho a su espacio, a su intimidad y a manifestar lo que les molesta, nosotros podemos decir "yo prefiero bañarme solo", "no me gusta que entres al baño cuando lo estoy ocupando" o "no quiero que me toques los pechos". También podemos manifestarles que hay ciertos temas que a nosotros se nos complica tratar, y dar una alternativa confiable para responder a esa necesidad.

LO NATURAL Y LOS LÍMITES

Los genitales y la sexualidad son naturales y parte integral de todos los individuos. Sin embargo, también es cierto que son aspectos íntimos que uno decide con quién compartir. No se trata de que hablemos a los hijos de nuestra vida sexual ni de que los convirtamos en testigos de nuestra intimidad para aclararles dudas; eso podría crearles más confusiones que beneficios. Si un hijo nos dice: "Mamá, enséñame tu vulva para ver cómo es" o "Papá, déjame ver en qué son distintos tu pene y el de mi hermano", podemos saciar su curiosidad mostrándole un esquema claro y no nuestro propio cuerpo.

Hacer al niño partícipe de nuestra intimidad sexual, personal o de pareja, no es conveniente para el desarrollo de su propia estructura personal. Theodore Lidz, estudioso de la dinámica familiar, sostiene que en la familia es imprescindible que el niño tenga clara la diferencia entre su generación y la de sus padres, así como la existencia de una relación especial entre éstos, distinta de la que mantienen con él y con sus hermanos.

LAS DIFERENCIAS DE GÉNERO

Desde pequeños les transmitimos a los hijos mensajes sobre el cuerpo y sobre el género. Algunas veces de manera explícita, pero muchas otras con las actitudes, los comportamientos que reforzamos, el trato diferenciado según el sexo de las personas con las que interactuamos, los comentarios que emitimos, el lenguaje, etc. En algunas ocasiones, efectivamente ése es el concepto que deseamos que aprendan sobre su sexo, pero otras tantas pretendemos que su idea sea distinta de la que en realidad les inculcamos sin darnos cuenta. Por eso, una vez más, valdría la pena preguntarse qué formación buscamos darles y analizar si lo que estamos haciendo es congruente con nuestras intenciones.

En un estudio realizado con niños en México por Alma Patricia Piñones (véase *La percepción del ser femenino y masculino...*), la investigadora les planteaba la siguiente pregunta: "¿Qué pasaría si mañana te despertaras siendo una persona del otro sexo?" A grandes rasgos, las niñas dijeron que podrían hacer una serie de cosas que ahora no hacían, tendrían más logros, serían más inteligentes y la vida les sería más fácil. Los niños, en cambio, dieron respuestas del tipo de: "Me suicidaría", "Me volvería a dormir esperando que sólo fuera una pesadilla", "Las niñas sólo saben jugar a las muñecas y son muy tontas".

Varios meses después, en un curso con niños de más o menos 10 años, empezamos a hablar de las diferencias entre los hombres y las mujeres. Tanto los niños como las niñas manifestaron que era evidente que las mujeres eran menos capaces, menos inteligentes y no podían realizar una serie de actividades que los hombres sí. Varios de los varones tenían actitudes abiertamente despectivas hacia las mujeres, y muchas de las niñas aceptaban su supuesta inferioridad. Es normal que a esa edad uno no quiera convivir con el sexo complementario pero, en este caso, era más que eso.

En otra ocasión, con grupos de jóvenes más grandes —de 13 y 14 años— comentábamos el tema de los roles sexuales. Los hombres afirmaban que ellos siempre estaban dispuestos a tener contactos sexuales y que, evidentemente, nunca se negarían a una mujer, por lo que las mujeres tenían la culpa de que sólo se les utilizara como pasatiempo para una noche o un rato. Señalaban además que ellas eran las que los provocaban ya que usaban cierto tipo de ropa y se acercaban a ellos para seducirlos. Las mujeres decían que los hombres eran morbosos y no se podía confiar en ellos.

Estas ideas no vienen programadas en los cerebros de los niños y de las niñas, sino que son parte de lo que van aprendiendo desde los primeros años a través de lo que ven y de lo que escuchan en su casa, en la escuela, en los medios de comunicación y en la comunidad en general. Crecen con esas ideas de ellos mismos y van marcando sus pautas de relación, supeditando su autoestima y sus expectativas en los diferentes ámbitos de la vida que influyen en ellos.

Lo que uno aprende en esas primeras etapas acerca de lo que es ser hombre o mujer matiza mucho la visión de sí mismo y la sensación de ser valioso, merecer respeto, desarrollarse en el ámbito que se prefiera o, por el contrario, restringirse a los límites de lo socialmente esperado.

LOS ESTILOS DE COMUNICACIÓN

El lenguaje refleja el manejo del género de una sociedad y también el de los individuos. Con frecuencia escuchamos expresiones como "pareces niña", forma despectiva dirigida a un hombre que manifiesta su miedo o llora. La implicación es bastante obvia: para un hombre, parecerse a una mujer puede ser terrible, y la base de esto está en que muchos aprenden que la masculinidad o el "verdadero hombre" se construyen en oposición a la mujer. Otras veces, el sexismo —"que tiene que ver con la manera en que ha aprendido a interpretar el oyente o la intención del hablante y no con la lengua misma", dice Álex Grijelmo— o los estereotipos de género están más ocultos, aunque no por ello dejan de tener un efecto en nuestras percepciones y relaciones (véase *La seducción de las palabras*). Las reacciones que provoca en los demás una misma frase dicha por un hombre o por una mujer frente al resto de su familia están asociadas con los roles que suponemos que debemos cumplir o creemos que nos corresponden según nuestro sexo. También, por ejemplo, la idea que nos hacemos de Juan cuando decimos que ha tenido muchas parejas es distinta de la que tendríamos de María aunque dijéramos exactamente lo mismo sobre ella.

Hablar de "eso", de "ahí", del "ya sabes" o de las "cochinadas" que hacen las parejas cuando se "portan mal" dice mucho de lo que pensamos del cuerpo y de la sexualidad. Así, se habla de "fracasar" cuando se cede a las insistentes insinuaciones amorosas de un hombre, o de "darle hijos" a la pareja en lugar de tenerlos con ella, como muestran los estudios del sociólogo Roberto Castro. Estas frases reflejan las relaciones entre las personas y lo que se espera de hombres y mujeres.

Por medio del lenguaje expresamos las expectativas sobre cada sexo y, al mismo tiempo, a partir de lo que aprendemos que se espera de nosotros desarrollamos un estilo de comunicación estereotipada, que más allá de lo curioso que pueda parecer matiza las relaciones que establecemos entre hombres y mujeres en los diferentes ámbitos de nuestra vida. Hay una forma masculina de hablar y otra femenina. Esto se comprueba en las palabras que utilizamos, cómo las pronunciamos y el estilo de conversación que tenemos, lo que con frecuencia causa conflictos y problemas de comprensión entre ambos sexos. En las conversaciones masculinas, femeninas y especialmente en las mixtas se pueden notar estos patrones de comunicación. Las mujeres tienden a utilizar más diminutivos, más adjetivos valorativos, palabras que manifiestan afecto, que designan matices y muchas preguntas eco, como *¿no?* o *¿verdad?* Usan elementos que atenúan las afirmaciones, como *quizá, podría ser, tal vez,* con el fin de evitar conflictos o un tono impositivo, según lo ratifican estudios realizados en el ámbito laboral. La entonación es más variada y enfática; con preguntas y expresiones alientan al interlocutor a seguir hablando; se refieren más a las vivencias personales y brincan de un tema a otro con mayor facilidad. Cuando hablan, tocan al interlocutor más frecuentemente y los movimientos que hacen con manos y brazos están más pegados al cuerpo (véase Lomas y Arconda, "La construcción de la masculinidad en el lenguaje y en la publicidad").

Los hombres hablan más en primera persona, con menos modulaciones y cambios de entonación. Formulan pocas preguntas para alentar a su interlocutor a continuar. Usan más enunciados directos. Se refieren a los temas desde una postura más externa que personal y, en lugar de diminutivos, usan aumentativos y "malas palabras". Tienden a resumir o reformular lo que dice su interlocutor como una manera de tener control del tema, e interrumpen más para ganar la palabra que para complementar la frase del otro. Cuando se tocan entre hombres lo hacen de manera más agresiva y sus gestos con manos y brazos son más amplios. Además, como refiere Marina Castañeda en su libro *El machismo invisible,* en las conversaciones entre un hombre y una mujer, por lo regular ella mira al otro con más detenimiento al escucharlo, mientras que él suele prestarle menos atención a ella.

Una mujer clara, directa, que usa "malas palabras", resume lo que se ha dicho y habla en primera persona sin referirse necesariamente a su intimidad, sería fácilmente catalogada de ruda. Mientras que un hombre que modula, enfatiza, usa diminutivos y muchos adjetivos sería catalogado de afeminado. Esto es así porque hemos aprendido que masculino y femenino son opuestos y, por tanto, las características estereotipadas de uno no deben parecerse a las del otro.

Ese mayor recato femenino y la tendencia a ocupar más espacios en la conversación, por un lado, y el lenguaje corporal masculino, por el otro, también son visibles desde que somos niños. En el patio de recreo, por ejemplo, los varones generalmente ocupan los espacios más amplios, como las canchas, y las mujeres los más restringidos (véase E. Faur, "¿Escrito en el cuerpo?").

LOS MENSAJES SOBRE LA SEXUALIDAD

Los niños y las niñas son educados de manera distinta, remarcándose lo que se considera masculino o femenino "por naturaleza". Pero si estas cualidades fueran tan naturales, ¿necesitaríamos reforzarlas constantemente? Seguro que no. Con sólo dar a los pequeños el espacio para expresar lo que son y lo que sienten, aflorarían. Y en el fondo así es, pero todos tenemos maneras distintas de ser hombres o de ser mujeres. Como individuos, tenemos preferencias, fortalezas, necesidades y gustos que nos caracterizan y nos hacen diferentes de los demás.

Desde niños, los hombres reciben mensajes sobre su masculinidad y el manejo de su sexualidad. Se les permite ser más agresivos, se les incita a correr más riesgos, a mostrarse fuertes, poco vulnerables, y a que eviten los miedos. Se les permite expresar más abiertamente su sexualidad y con frecuencia son festejados por hacerlo. A veces, desde muy pequeños escuchan comentarios como "ése es mi hijo, galán desde chiquito" cuando las niñas los buscan. Aprenden entonces que la masculinidad se ve reflejada en el ejercicio de la sexualidad, y que para ellos está más a flor de piel; incluso afirman que es una necesidad que no pueden controlar. Pero también reciben el mensaje de que, por ser hombres, saben todo sobre sexualidad. Curiosamente, reciben poca información sobre el tema y se espera que vayan aprendiendo sobre la marcha. Las madres no hablan con ellos porque son hombres y esperan que lo haga el padre, quien tampoco lo hace. Una vez que crecen, no exteriorizan muchas de sus dudas y temores frente a otros varones, pues sería como poner en tela de juicio su masculinidad.

Las mujeres, en cambio, aprenden a vivir su sexualidad en función de las necesidades y deseos de los hombres y bloquean los propios; deben cuidarse de las insinuaciones, poner límites, evitar provocaciones y sólo acceder al contacto físico cuando sienten amor y hay una relación seria de por medio. Asimilan la idea de que un varón les enseñará todo sobre su cuerpo y sobre las relaciones sexuales y que deben esperar a que él las llame, las busque y tome la iniciativa en la intimidad para no ser malinterpretadas y quedarse solas. Ellas reciben más información de sus madres, quienes les hablan de la menstruación y de la higiene respectiva, lo que les da el espacio para tratar con mayor soltura otros temas. Se asume que las hijas no saben sobre sexualidad, por eso muchas veces tienen más posibilidades de plantear sus dudas, aunque, en ocasiones, éstas podrían ser interpretadas como curiosidad extrema o dar pie a sospechar de que han empezado a tener actividad sexual.

Todo esto lleva a que hombres y mujeres, desde jóvenes, perciban sus relaciones de forma distinta y tengan expectativas desiguales. Se sabe que

76% de los jóvenes solteros menores de 20 años afirman que han tenido relaciones prematrimoniales, mientras que sólo 35% de las jóvenes solteras sostienen que las han experimentado. La gran mayoría de las mujeres (90%) dicen haberlas tenido con alguien con quien había intenciones serias o planes de matrimonio, mientras que los hombres señalaron que fue con parejas ocasionales (véase A. López Juárez, "Hacia una nueva cultura: La salud sexual"). Hay una diferencia en la percepción que tienen ambos del tipo de relación, pero quizá también es una manera de justificar sus actos frente a lo que se espera de cada uno de ellos.

LOS EFECTOS DE LO APRENDIDO

Lo que aprendemos desde pequeños y en etapas posteriores sobre nuestro cuerpo, nuestro sexo y nuestra sexualidad marca el concepto que vamos construyendo de nosotros mismos como hombres y mujeres, conocimiento que influirá en nuestras capacidades como personas y en el tipo de relaciones que estableceremos en general o en la intimidad.

Al llegar a la adolescencia, redefinimos esa visión que tenemos de nosotros en el entorno social, matizada por lo que hemos ido asimilando en años anteriores. Aprendemos a demostrar la feminidad o la masculinidad de distintas maneras: siendo frágiles, tiernas, conciliadoras, emotivas o dependientes, si somos mujeres, o siendo valientes, atrevidos, fuertes, racionales o activos, si somos hombres. Aprendemos patrones de relación entre los sexos y asimilamos las exigencias del entorno para ser aceptados por los grupos sociales, punto de vital importancia. Pero, curiosamente, somos más vulnerables en algunos aspectos. Los hombres, por ejemplo, enfrentan mayores riesgos en su vida cotidiana y en su vida sexual. Al ver ciertas conductas como algo normal para todo el que se precie de ser viril, son más propensos a los accidentes, la violencia, el consumo excesivo de alcohol y de drogas, y a las infecciones de transmisión sexual. Ese comportamiento es una forma de demostrar a los demás que no tienen miedo y son fuertes, y que por ello no necesitan cuidarse. Las mujeres, por su parte, sienten que son más valoradas si tienen un hombre a su lado, y al ser complacientes y poner sus propias necesidades en segundo plano podrían ser más vulnerables al maltrato y restar importancia a la protección de su salud como en el caso del VIH/sida. Al suponer que deben ser vírgenes hasta el matrimonio, las mujeres sexualmente activas evitan preguntar sobre el tema y no usan anticonceptivos para que no se sepa que sostienen relaciones sexuales (véase K. Henry Shears, "Estereotipos ponen en peligro la salud sexual").

A veces, esos mensajes que fuimos asimilando desde las primeras etapas de nuestra vida nos parecen tan naturales que nos es difícil ponerlos en tela de juicio, aun cuando afectan directamente nuestro bienestar.

Lo que aprendemos sobre nuestro sexo y los estereotipos de género influye en las decisiones que tomamos y en las relaciones que establecemos, por eso es tan importante tener en mente ese conocimiento para el cuidado de nuestro desarrollo.

CAPÍTULO 3

FACILITAR
LA COMUNICACIÓN

El reporte de la National Campaign to Prevent Teen Pregnancy (Campaña Nacional para la Prevención de Embarazos de Adolescentes), mencionado en el primer capítulo, proporciona datos sobre diversas conductas sexuales de los jóvenes y ofrece una reflexión acerca de la diferencia entre las percepciones de padres e hijos sobre la comunicación que ambos mantienen sobre estos temas. En él se muestra que la mayoría de los padres de los jóvenes sexualmente activos aseguraron que habían hablado con sus hijos sobre temas de sexualidad, mientras que sólo unos cuantos adolescentes dijeron que habían conversado con sus padres al respecto.

¿Qué pasa? Los adultos creemos que hemos dicho lo necesario, pero los jóvenes no lo perciben así. ¿Será que nos limitamos a hablar de lo que nosotros consideramos que deberían saber, cuando en realidad las inquietudes y necesidades de los jóvenes son otras?

ABRIRSE A ESCUCHAR

Si preguntáramos a un padre o a una madre si han hablado de sexualidad con sus hijos, podrían hacer memoria y decirse: les he mencionado que se deben cuidar, que es importante que prevengan embarazos y se protejan de infecciones; hemos hablado de los cambios del cuerpo como la salida del vello, la eyaculación y la menstruación; así que la respuesta es sí, sí he hablado con mis hijos de estos temas. Y en parte tendrían razón. Pero digo en parte porque si a esa misma persona le preguntáramos si esa información habría disipado todas sus dudas sobre sexualidad cuando era adolescente, es muy probable que su respuesta sería que sólo parcialmente.

Detrás de las preguntas específicas sobre ciertos temas como la masturbación o las emisiones nocturnas puede haber una serie de emociones y temores que no se resuelven con una respuesta concreta. Recuerdo el caso de un niño de unos 11 años que, en un curso, preguntó frente al grupo qué eran los sueños húmedos. En ese momento expliqué qué eran, cuándo y cómo se presentaban y cómo se podrían sentir los chicos si esto les sucedía sin tener mayor información acerca del tema. Les pedí que dieran sus opiniones y sugirieran qué se podía hacer cuando notaban que la cama y el pijama estaban mojados al despertar. Al final de la sesión, el chico se acercó para decirme que a él le había ocurrido y se sentía muy avergonzado e incapaz de informar a sus padres por miedo a su reacción, lo cual dio pie a que comentáramos de manera individual sus inquietudes. Pero el punto es que su duda no sólo iba enfocada a qué era y por qué pasaba eso, sino a todo aquello que sentía al respecto, que es justamente lo que con frecuencia no se aborda.

De lo que se trata es de que abramos los canales de comunicación para que los hijos sientan que tienen un espacio para hablar con toda confianza de lo que les inquieta y de lo que sienten. Si no solemos tratar con ellos otros temas como los escolares o sobre sus amistades, difícilmente hablarán sobre su sexualidad. Así que un buen paso es ver cómo andamos en la comunicación con ellos en general y, si es insuficiente, empezar por conversar más sobre otros ámbitos y áreas de su interés y sentar las bases de esa mayor confianza para que se acerquen a hablar de lo que quieran, incluida la sexualidad.

Nuestras actitudes y las respuestas que demos a sus preguntas pueden influir para que esos canales permanezcan abiertos o se cierren gradualmente. Con los silencios y las evasivas, como mencionamos en páginas anteriores, tarde o temprano el niño o la niña se cansan de preguntar y buscan otras fuentes de información. Pero no sólo eso, a veces nuestras respuestas pueden adoptar un tono de enjuiciamiento, descalificación o incluso de ironía que desalientan su deseo de acercarse de nuevo. Nuestra actitud corporal, nuestros gestos y el tono de nuestra voz desempeñan un papel importante en el ambiente comunicativo que se genera. Quien nos escucha los observa y va interpretando la respuesta que le damos; así, poner atención en cómo contestamos ayuda a que el mensaje que transmitimos sea realmente emitido como deseamos y percibido o recibido de esa manera. Cuando mostramos alarma frente a la duda que se nos plantea, con expresiones como "¡¿De dónde sacaste eso?! ¡¿Con quién te estás llevando?!" o "Ya decía yo que esas amistades tuyas no eran nada bueno" —reacciones que responden a nuestros temores e ideas preconcebidas y no necesariamente a la situación misma—, el niño se siente recriminado más que comprendido, y sin la confianza necesaria para hablar de otros aspectos íntimos. Hacerles saber a los hijos que la respuesta a su pregunta es obvia y su cuestionamiento está fuera de lugar, o darles explicaciones tan complejas que les sean imposibles de entender, contribuye a que la comunicación sobre el tema sea cada vez más escasa. En cambio, interesarnos por lo que plantean, mantenernos abiertos a escuchar sin llegar a conclusiones prematuras, indagar más acerca de sus dudas y disponer en ese momento del tiempo requerido para hablar del asunto, afirma su seguridad ya que queda claro que sus preocupaciones y cuestionamientos son importantes y que estamos dispuestos a escucharlos y atenderlos.

MI HIJO NO PREGUNTA

Es importante tener en cuenta que el aprendizaje de la sexualidad es un proceso constante, que no se limita a un tiempo y espacio como la clase de Educación Cívica o de Ciencias Naturales, ni a la plática que tenemos sobre los cambios de la pubertad, el noviazgo o la reproducción.

Algunos padres se ven abrumados con las frecuentes preguntas que hacen sus hijos sobre diferentes aspectos de la sexualidad o sobre las relaciones amorosas, y otros muchos se inquietan de que no mencionan el tema y no manifiestan dudas, por lo que se preguntan si deberían respetar su silencio y asumir que no tienen inquietudes al respecto o inducir ellos mismos la plática. Nosotros podemos tomar la iniciativa para tratar los asuntos relacionados, o aprovechar las preguntas o comentarios espontáneos de los chicos que abren el espacio para profundizar sobre eso que creemos importante dejar claro. Si en una emisión televisiva aparece una pareja de novios adolescentes que se agreden, es la oportunidad para hablar de las relaciones amorosas, de los límites y de por qué una persona permitiría que la trataran así. Un anuncio sobre el VIH/sida da lugar a los comentarios: "¿Tú sabías que si las mujeres embarazadas con VIH toman medicamentos las probabilidades de que su hijo nazca infectado son muy pocas? ¡Qué curioso! ¿No te parece? Que crezca dentro de ella y no se infecte con el virus", y de ahí continuar con mayor información sobre el síndrome, incluidos aspectos como las vías de transmisión y medidas de prevención. Dependiendo de la edad de los hijos, los temas y las situaciones de las que se hable serán distintos. Obviamente, hay que hacerlo de manera natural y que la circunstancia no sea sólo un gancho evidente para ellos aprovechado para hablar de un tema que se rehúsan a tocar. Se trata de ir creando un ambiente de confianza para comentar diversos asuntos, no de manipular la situación.

CAPÍTULO 4

LA SEXUALIDAD DE NIÑAS Y NIÑOS

La curiosidad por lo sexual es parte del desarrollo biológico de niños y niñas. Casi desde que empiezan a tener control de la movilidad de sus manos tocan sus genitales y juegan con ellos igual que con otras partes de su cuerpo, descubriendo las sensaciones que les provoca el contacto. Aprovechan el baño y otros momentos en los que están desnudos para explorarse, y conforme van creciendo la curiosidad se va ampliando de forma tal que las manifestaciones pueden parecernos más claras. Entre los dos y los cinco años es común que jueguen con sus genitales cuando están a solas o frente a otras personas, y aun cuando empiezan a desarrollar cierta sensación de pudor —como no desear que los vean mientras orinan—, en ocasiones siguen autoestimulándose sin que la presencia de otros les cause incomodidad. Muchas veces sacian la curiosidad que sienten por el cuerpo de los demás a través de actividades que involucran la exploración y el contacto con otros niños, como jugar al doctor o al papá y la mamá, y van integrando a las situaciones creadas algunos de los roles sexuales que han ido aprendiendo por imitación. Los juegos pueden darse entre niños y niñas, aunque también se presentan en grupos del mismo sexo. Es frecuente que se besen, se abracen, se desvistan y exploren los genitales de sus compañeros o compañeras y muestren curiosidad por el cuerpo desnudo de los adultos y busquen tocarlo. Llaman su atención las revistas e imágenes en las que aparecen personas semidesnudas, lo que con frecuencia les provoca risa. No es que los niños sean morbosos o estén manifestando algún problema con estos juegos y conductas, la mayoría de las veces se trata de una genuina curiosidad por conocer y comparar lo que los rodea y un medio que les ayuda a forjar su identidad sexual. Según investigaciones citadas por los grandes estudiosos de la sexualidad William Masters y Virginia Johnson, más de la mitad de los niños tienen experiencias sexuales de este tipo con otros menores antes de llegar a la pubertad, aunque afirman que lo más seguro es que el porcentaje sea mucho más alto: la gran mayoría. Pero si un niño no se autoestimula o no se involucra en dichas actividades de forma tan clara, esto no necesariamente implica que exista un problema o que debamos alentarlo a hacerlo, pues cada uno de ellos es distinto. En situaciones regulares, estos juegos, lejos de causarles daños en el presente y en su vida sexual futura, constituyen un factor importante en su desarrollo.

El niño o la niña suelen verlo como eso, como un juego; los adultos son quienes ven un acto netamente sexual en ello y con frecuencia reaccionan frente a la circunstancia a partir de esa percepción. El niño no lo entiende de la misma manera, por lo que queda desconcertado, pero capta el mensaje de que hay algo malo en lo que está haciendo, lo que contribuye a generarle una sensación de vergüenza y confusión que podría interferir después en sus vínculos afectivos.

Al ir creciendo, la autoexploración continúa y existe un interés más marcado por las parejas que forman los adultos, el embarazo y el origen de los bebés y, posteriormente, acerca de cómo se relacionan los adultos en la intimidad.

CÓMO LO PUEDO MANEJAR

Cierto, la autoestimulación, la curiosidad por el cuerpo de los demás y los juegos exploratorios son parte del desarrollo de los niños, pero cuando los sorprendemos, sentimos que debemos hacer algo al respecto y en muchas ocasiones esto es cierto. Hay límites entre las actividades públicas y las privadas, además de los que marcan los individuos involucrados en la situación. ¿Pero qué hacer o qué decir?

Empecemos por las circunstancias que nos atañen personalmente, como cuando quieren ver o tocar nuestros genitales o los senos, o las dudas sobre si es adecuado o no seguir bañándonos con ellos. Como dijimos en el capítulo 2, así como tienen derecho a poner sus límites, también es válido para nosotros manifestar lo que nos incomoda. Así, si no nos gusta que nos toquen los genitales o nos levanten la ropa para verlos, estemos o no en público, es preciso decirlo y pedirles que dejen de hacerlo. No sólo porque nos incomoda, sino también porque es importante que aprendan sobre la privacidad y la intimidad y que no pueden tocar el cuerpo de los demás si no están de acuerdo, de igual forma que los demás no pueden tocar sus genitales u obligarlos a participar en ciertos juegos o actos si tampoco ellos lo están. Esto, por supuesto, también aplica cuando una niña busca constantemente besar a algún amigo que manifiesta su rechazo a ello, o cuando un niño trata de levantar las faldas de sus compañeras de grupo frente al disgusto de ellas, que se sienten invadidas. Sin embargo, en lugar de castigar la curiosidad sexual o las expresiones afectivas, habría que explicarles que deben respetar las decisiones del otro.

Muchos padres y madres se preguntan cuál es la edad adecuada para dejar de bañarse con sus hijos. No puede decirse que después de los 5 o de los 6 años ya no se bañe con ellos o que no muestre su cuerpo desnudo. No hay una edad específica. Depende mucho de la cultura, de las costumbres de cada familia y de cómo se sientan sus integrantes. La mayoría de las veces son los mismos niños y niñas los que piden privacidad e independencia: quieren que los dejemos solos mientras se bañan o se visten y tratan de ser autosuficientes en sus tareas de cuidado personal. En otras ocasiones empieza a haber risas y expresiones de ansiedad que nos marcan el momento de cambiar de hábitos, lo que es también oportuno si ellos no han dicho ni manifestado nada pero nosotros nos sentimos incómodos.

La autoestimulación en público suele ser una situación embarazosa para los padres. Es incómodo cuando el niño o la niña aparecen en medio de una reunión familiar tocándose los genitales, o nos mandan llamar de la escuela porque han notado que lo hace con frecuencia, y a veces nos ocurre simplemente cuando lo sorprendemos haciéndolo. Incomoda, por un lado, porque no hemos resuelto completamente lo relacionado con las reacciones que producen los genitales, el placer sexual y la posibilidad de sentirlo sin culpas ni vergüenzas; pero también perturba porque, según nuestras costumbres, ese tipo de actos, al igual que defecar y bañarse, entre otros, acostumbran a hacerse en la intimidad, y ése sería uno los puntos que tendríamos que comunicar al pequeño.

Cuando los niños y las niñas tocan sus genitales durante el baño o en algún otro contexto íntimo como su habitación, podemos no hacer caso y dejarlos un rato a solas. Pero si lo hacen en un lugar inapropiado, podemos explicarles —sin reprobar que conozcan su cuerpo ni insinuarles que sus órganos sexuales son sucios, vergonzosos o inadecuados— que lo referente a ellos es íntimo y esa conducta también, por lo que sólo pueden llevarla a cabo en lugares en donde encuentren privacidad. Parafraseando a Debra Haffner, al igual que hay que repetir a los niños que deben lavarse los dientes después de comer o jalar la palanca del sanitario después de usarlo, habrá que repetirles esto varias veces hasta que dejen de hacerlo en sitios inadecuados. Habría que aprovechar para explicarles que, para evitar que se provoquen una infección, es importante que no toquen sus genitales con las manos sucias, lo que también sienta las bases para aprender conductas de autocuidado del cuerpo en general. Los órganos sexuales, más que nada, son asociados con las funciones de micción y defecación en esas edades.

También suelen desconcertarnos los juegos en grupo en los que los niños y niñas ven los genitales de unos y de otros e incluso los tocan, y si bien nos decimos que hay que tomarlo con tranquilidad, nos preguntamos cómo podemos actuar ante tal situación. Quizá lo primero que queramos hacer será separarlos y preguntarles qué estaban haciendo, lo cual, si lo hacemos con serenidad y una auténtica apertura a averiguar cuál era la curiosidad detrás del juego, puede ser útil. No obstante, si lo hacemos con enojo y angustia generaremos en ellos sensaciones de culpa, vergüenza y confusión que no serán de ninguna ayuda para el manejo de su sexualidad.

Pensemos en el ejemplo de un grupo de chicos de 8 años que son descubiertos por una maestra en el baño de la escuela comparando sus genitales. Ella, alarmada, los lleva a la dirección e informa de lo sucedido a la directora, quien reacciona expulsando al niño que inició el juego por considerar que incurrió en conductas perversas y peligrosas. A los demás los castiga sin darles mayor explicación y además hace caer sobre ellos la sospecha de que tienen tendencias homosexuales.

Otro ejemplo podría ser el de tres niñas de unos cinco años que son sorprendidas participando en un juego sexual. El padre que las descubre las regaña por estar desvestidas sin explicarles el motivo real del disgusto, llama a los padres de las otras niñas para que vengan por ellas y no vuelve a tocar el tema.

¿Qué mensaje reciben estos niños y niñas sobre su curiosidad sexual y, principalmente, sobre ellos mismos? En el primer caso, es muy probable que los niños se queden con la sensación de que hicieron algo terrible o peligroso que está muy mal, sin entender qué es. La sensación es que ellos son los inadecuados. ¿Contribuiría esto en años y situaciones futuras a manejar sus deseos y sensaciones sexuales en una forma satisfactoria para ellos? No. Lejos de ello, ayudaría a generarles mayor ansiedad y dificultades.

No hacer nada al respecto, como en la segunda situación, también puede confundir a las niñas al recibir el mensaje de que su conducta fue inadecuada aunque no entiendan por qué, lo cual tampoco las llevará necesariamente a evitarla en un futuro.

Entonces, si lo que queremos es que los niños aprendan sobre su sexualidad y sobre su cuerpo para que puedan vivirlos en etapas posteriores de manera sana y responsable, nos convendría enfrentar situaciones como éstas de forma distinta. No enfrentarlas y hacer como que nada pasó tampoco es la opción. Si se sorprende a los niños en plena exploración del cuerpo de los compañeros, se puede reconocer el interés que tienen por aprender más sobre su físico diciéndoles que vemos que les llama la atención saber sobre los órganos sexuales, además de que efectivamente tocarlos produce sensaciones distintas y placenteras. Para satisfacer su curiosidad, son útiles recursos como revisar con ellos un libro que muestre esquemas de los órganos sexuales y responder las preguntas que tengan al respecto, o realizar algún juego donde se trate el tema y puedan aprender más sobre ellos, sobre las conductas y zonas de su cuerpo que son públicas y privadas, los afectos, las emociones y el cuidado de sí mismos. Si lo que motiva este tipo de juegos es la necesidad de conocer más sobre el cuerpo y las diferencias de unos y otros, atendido su interés el juego tiende a desaparecer naturalmente.

Algunas veces el juego llama de manera especial nuestra atención y lo que lo motiva va más allá de la curiosidad natural del desarrollo. En estas circunstancias, sin acusaciones, juicios ni etiquetas hacia el niño o la niña que inició el juego e invitó o manipuló a los otros para que participaran, es muy importante averiguar más a fondo lo que está sucediendo.

ALGUNAS CONDUCTAS QUE PODRÍAN LLAMAR LA ATENCIÓN

Como parte del desarrollo y descubrimiento de su cuerpo muchos niños tocan sus genitales, pero también algunos parecerían estar haciéndolo casi todo el tiempo. Hay comentarios del personal del colegio diciendo que el niño o la niña se frota constantemente contra la silla o que continuamente tiene las manos metidas en la ropa interior, y en casa este comportamiento también es notorio. ¿Qué está pasando?

Ese tipo de conductas pueden aparecer cuando el niño o la niña están pasando por un momento que les provoca ansiedad, por una situación que no pueden manejar, como la llegada de un hermano, problemas entre sus padres o algo más que los está inquietando. Lo hacen para tranquilizarse, para mitigar esa sensación de ansiedad. Cuando esto sucede, más que preocuparnos porque nuestro hijo esté desarrollando conductas sexuales que nos parecen inadecuadas, nos convendría averiguar qué es lo que le inquieta. Sólo distraer su atención cada vez que lo vemos con las manos dentro de la ropa interior tal vez logre que deje de canalizar su ansiedad a través de esa conducta, pero seguramente adoptará otra distinta que cumpla esa función pues la fuente de angustia seguirá presente. Una vez identificado lo que le provoca la ansiedad, podremos darle una explicación que sea capaz de comprender para resolver la situación de conflicto. Recordemos que el problema no es la autoestimulación, sino lo que genera la angustia que lo lleva a tener una conducta compulsiva.

En cuanto al juego, como mencionamos, es normal que se exploren unos a otros y comparen sus cuerpos. Sin embargo, ciertas conductas pueden ser signo de algo más que la mera curiosidad. Por ejemplo, simular tener un acto sexual, practicar el sexo oral o introducir dedos u objetos en la vagina o el ano son conductas propias de los adultos que difícilmente les vendrían a la mente de manera espontánea sin haberlas visto en otro lado. Así, esto puede ser una señal de que alguno de los niños involucrados está siendo sobreestimulado sexualmente, expuesto a imágenes, conversaciones o contactos sexuales con alguien mayor, lo cual se refleja en su juego. El que los niños manifiesten angustia, ansiedad, irritabilidad o miedo también es una señal de que algo está sucediendo, así como que uno de ellos obligue a otros a participar en este tipo de juegos cuando éstos no quieren.

Sobre el abuso sexual hablaremos de manera más amplia más adelante.

LAS CONDUCTAS
Y LA ORIENTACIÓN SEXUAL

Muchos padres se preguntan si las conductas y los juegos de sus hijos e hijas pueden denotar su orientación sexual y qué pueden hacer al respecto. Cuando ven que a su hijo le gusta jugar a las muñecas, disfruta haciendo pasteles, tiene más amigas que amigos y no se siente atraído por los deportes típicos de los varones como el futbol o el béisbol, se preguntan si eso significará que se está "haciendo homosexual" y que deben impulsarlo a involucrarse en más actividades "masculinas" para contrarrestarlo. Lo mismo sucede si la niña trepa a los árboles, juega con los hombres deportes de contacto y evita las faldas a toda costa.

Es importante tener claro que no son las actividades, el vestir de determinado color o la preferencia por ciertos pasatiempos lo que "hace" o evita que una persona se "haga homosexual". Ser homosexual significa sentirse sexual y afectivamente atraído hacia personas del mismo sexo, no el ser *amanerado* o *marimacha*. Sin embargo, los niños y nosotros mismos vamos poniendo etiquetas en los pequeños que los clasifican como diferentes y los hacen sentirse marginados. No entienden a qué se refiere el mote de *maricón* o *marimacha*, pero sí saben que es algo despectivo y que descalifica su forma de ser. Por eso, al marcar al niño o a la niña de esa forma afectamos su autoestima, la confianza en sí mismo y sus capacidades y lo hacemos sentir inadecuadamente diferente en cuanto a sus afectos y, lo que es más grave, también en las demás áreas de la vida.

Como explica Rinna Riesenfeld en su libro *Papá, mamá, soy gay,* la preferencia sexual no es algo que se aprenda ni que se copie de otras personas, y por ende tampoco es algo que pueda modificarse motivando gustos y actividades distintas. Hay muchas explicaciones acerca del origen de la homosexualidad, algunas de ellas basadas en diferencias genéticas, variaciones en ciertas estructuras cerebrales o en los niveles hormonales; no obstante, ninguno de los estudios realizados hasta el momento es concluyente; aplican en algunos casos, pero no en todos.

Si realmente el niño o la niña muestran una orientación homosexual, lo más conveniente para su desarrollo es que se sientan aceptados por sus padres y con la posibilidad de expresarse como son, lo que les permitirá crecer más fuertes y seguros de sí mismos. Si éste no fuera el caso del hijo o de la hija, sino el de alguno de sus compañeros, podría explicársele que todas las personas somos distintas y que debemos respetar las diferencias; todos tenemos algo muy valioso que aportar, y si nos molesta el comportamiento de ese niño o de esa niña, o simplemente nos cae mal, no tenemos que llevarnos con él o ella a fuerza, pero no por eso vamos a insultarlo o a hacerle burla.

Cierto, algunos hombres homosexuales son afeminados y sensibles, pero no todos, y tampoco todos los hombres con esas características se sienten atraídos por otros hombres. Asimismo, hay mujeres lesbianas que son rudas y de aspecto masculino, pero otras tantas son muy femeninas, y también hay mujeres heterosexuales que pueden compartir esas características. Así que ese tipo de conductas no necesariamente son un buen parámetro para intuir la orientación sexual de un niño. Como menciona la misma Riesenfeld, para saber si una persona es homosexual o no, no podemos guiarnos por su aspecto: la mejor manera de saberlo es preguntando.

CUANDO NOSOTROS EROTIZAMOS LA SITUACIÓN

Uno de los temores o dificultades para hablar sobre sexualidad abiertamente con los niños es el pensar que no corresponde a su edad porque consideramos que es algo que aparece en edades posteriores. Queremos evitar el tema de la sexualidad con ellos y nos preocupamos cuando notamos que están teniendo ciertas conductas o sentimos que hacen demasiadas preguntas. ¿A qué se deberá?, nos decimos. No obstante, a veces sin querer estimulamos que esto suceda, como lo muestra el siguiente ejemplo:

—¿Ya tienes novio? —le pregunta una mamá a su hija de 3 años que acaba de entrar al jardín de niños. Y la niña se pone roja y no dice nada. Tiempo después se repite la pregunta.

—¿Ya tienes novio, Anita?

—Sí —le dice su hija—. Es Raulito.

—¡Ay, qué linda! —exclama la madre, quien después enfrente de su hija les cuenta a sus amigas muy contenta y riéndose que su hija tiene novio en el jardín de niños.

—¡Ah, estos niños tan precoces! —comenta una de ellas.

Pero ¿de quién fue la idea, de la madre o de la hija?

La hija se da cuenta de que ese acto causa gracia a sus padres, y por lo tanto es reforzado. Raulito viene a comer a la casa, y los padres se refieren a él —con una sonrisa— como el novio de su hija Ana.

En el caso de Raulito —quien tiene 4 años—, sus papás podrían estar diciendo que su hijo ya es todo un Casanova, y que se nota que va a ser "todo un hombre". "Si a su edad, las niñas corren tras de él, cómo será cuando tenga 17", se dicen orgullosamente.

Al poco tiempo, de la escuela mandan llamar a los padres para hablar con ellos.

Resulta que sus hijos pasan todo el recreo besándose en la boca en lugar de jugar con los demás niños. ¿Qué pasó ahí?

Quizá este caso suene un poco simplista, pero lo que queremos ilustrar es que con frecuencia somos nosotros mismos los que depositamos en nuestros hijos pequeños una serie de expectativas sexuales que no les pertenecen, pero cuando las manifiestan las consideramos un problema.

Nos interesamos en que nuestras hijas sean atractivas y coquetas y en que los varones demuestren su "hombría" de alguna manera, y al reforzar estas conductas no los dejamos ser niños y expresarse como tales. Si nuestro hijo o nuestra hija juega con un compañerito del otro sexo afirmamos que le gusta. Si disfruta pasar mucho tiempo con el tío o con la tía es porque está enamorado de él o de ella y además lo comentamos en público, frente a lo cual se incomoda y se retrae.

Sería importante que nos diéramos cuenta de que a veces estos aspectos proyectan más bien nuestras necesidades y no las de los niños; además, estamos invadiendo su privacidad y su intimidad al ponerlos en evidencia enfrente de los mayores.

Ahora bien, exponer a los niños a escenas o cosas que no les corresponde compartir, por ejemplo, tener relaciones sexuales enfrente de ellos, aun mientras duermen, tener una pila de revistas pornográficas a su alcance o juegos eróticos con ellos, también puede sobreestimular su curiosidad sexual y ampliar sus dudas al respecto. Estas inquietudes se manifestarán en sus conductas, en sus preguntas y en los juegos con sus pares.

Muchas veces no tenemos ese tipo de conductas con nuestros hijos. Sin embargo, entre los compañeros de la escuela y con sus amigos se maneja información bastante distorsionada. Por eso es muy importante que hablemos abiertamente con ellos y fomentemos la confianza. Esto nos permitirá orientarlos adecuadamente y ayudarlos a comprender y discernir la cantidad de estímulos a los que están expuestos, entre ellos los mensajes que reciben en la calle o a través de la televisión u otros medios.

Cuando se habla con ellos es posible resolver sus dudas. Cuando prevalece el silencio, a veces ni siquiera nos damos cuenta de los efectos que éste puede producir.

CAPÍTULO 5

LAS PREGUNTAS DE LOS NIÑOS

Las interrogantes de los niños van surgiendo espontáneamente. De pronto preguntan por qué los órganos sexuales de hombres y mujeres son diferentes, cómo nacen los niños o por qué las parejas se dan besos y, conforme avanza la edad, van ampliando el espectro de temas y de dudas. Muchas veces nos atrapan por sorpresa y sentimos que estamos en aprietos, pero cuando nos tomamos un momento para averiguar el origen de la pregunta y formular una respuesta concreta y apta para su edad, respondemos a su necesidad y, con ello, reforzamos también la idea de que sus curiosidades y cuestionamientos son apropiados e importantes y que pueden recurrir a nosotros para aclararlos. Además, con ello estamos reforzando la idea de que, al igual que de otros temas, pueden hablar de sexualidad con nosotros. Recordemos que es importante contestar con la verdad, en un lenguaje concreto y apropiado a su edad. Y si ellos no preguntan, como a veces sucede, de todas formas es necesario que aprovechemos las diversas situaciones que se presentan para abrir el tema y darles información.

CÓMO RESPONDER

Muchas veces las preguntas de los niños nos sorprenden por el contexto en el que surgen. Por ejemplo, en una ocasión una maestra explicaba a sus alumnos cómo se había inventado el microscopio y, como dato cultural, les informó que el creador de este aparato fue el primero en observar espermatozoides humanos. Espontáneamente un niño preguntó: "¿Cómo se sacó el señor los espermatozoides?" La maestra se sorprendió por la inesperada pregunta y tuvo que reflexionar un poco acerca de cómo responder. Y es que es predecible que tengan dudas acerca de cómo nacen los niños, pero preguntas como ésta no siempre se esperan. Aunque, en realidad, las dudas de algunos niños y niñas suelen ir más allá. En la época en que se dio el escándalo del presidente estadounidense William Clinton con Monica Lewinsky, no faltaba la pregunta "¿Qué es el sexo oral?" entre los chicos de 8, 9 y 10 años en los salones de clases. Del mismo modo surgen dudas acerca del condón, el VIH/sida, la pornografía infantil y otros asuntos de los que oyen hablar en los medios de comunicación masiva o ven en los anuncios en las calles sin entender mayormente a qué se refieren. Entre amigos o compañeros comentan, asimismo, lo que escuchan, y cuando se trata de algo que no entendieron se acercan a los padres para preguntarles sobre ello o formulan una explicación a medias, quedándoles cabos sueltos que no les cuadran y desean aclarar. Por ejemplo, una niña puede haber entendido que para que se forme un bebé el espermatozoide debe juntarse con el óvulo dentro del cuerpo de la mamá, y que para eso el hombre introduce el pene en la vagina de la mujer, pero en el sentido práctico, no entiende cómo sucede eso. No es que haya morbo en ello, es que no embona en sus esquemas, y buscará más información para aclarar la cuestión. De acuerdo, los niños preguntan espontáneamente y a veces nos toman por sorpresa, pero cuándo esto sucede, ¿qué podemos hacer?

La mejor manera de enterarnos de lo que realmente quieren saber y qué es lo que les inquieta es regresarles serenamente la pregunta. Indagar a qué se debe su duda y qué es lo que se imaginan del asunto. Esto nos da pistas acerca de en qué nivel podemos contestarles y qué puntos en específico debe incluir nuestra respuesta. Además, al abrir la comunicación podemos obtener más datos acerca de cuáles son sus fuentes de información y darles una mejor orientación.

Hagamos un ensayo. ¿Cómo respondería usted a un hijo por qué tiene que masticar la comida, o por qué respiramos? Sin ser usted médico ni especialista en el tema, seguramente encontrará las palabras y ejemplos que le sirvan para aclarar la incógnita del menor, que puede ser un pequeño de 6 años o uno de 9 que está aprendiendo en la escuela más sobre estos y otros aspectos relacionados con el cuerpo. Pues de igual manera puede hacerlo cuando la pregunta es referente a la sexualidad.

Hay temas sobre los que nos cuesta más trabajo idear una respuesta porque ni siquiera nosotros mismos nos hemos planteado las preguntas que nos hacen. Cuando esto le suceda, o sienta que le cuesta trabajo encontrar una explicación clara, una buena opción es tomarse unos segundos y responderse primero usted mismo. Una vez que lo tenga claro le será más fácil adaptarlo al lenguaje y nivel de su hija o de su hijo.

Puede dar explicaciones cortas si la ocasión así lo requiere, o más detalladas si el niño lo pide. Cada cual tiene una manera distinta de explicar, con un estilo y matices personales. Y si de pronto se nos va algo en un lenguaje que le es incomprensible o información más compleja que todavía no puede manejar, seguramente nos preguntará sobre los huecos que le queden, y dejará pasar sin mayor atención aquello que sobrepasó su entendimiento, así que tampoco hay que angustiarse.

Algunas sugerencias para responder a las preguntas de los niños:

1. Indagar de dónde salió la inquietud, qué sabe al respecto y qué se imagina. Saber esto le ayudará a dar una respuesta más completa y adecuada.
2. Aclarar a qué se refiere la pregunta y qué es lo que el niño o la niña quieren saber.
3. Responderse primero la pregunta usted mismo, como si usted la hubiera planteado.
4. Una vez que tiene la respuesta real, ponerla en el nivel de entendimiento y lenguaje de su hijo.
5. Si no sabe la respuesta puede proponerle que la busquen juntos.

Además, puede serle útil buscar información en textos especializados, o tener libros para niños sobre el tema que usted considere claros, adecuados y congruentes con la educación que quiere dar a sus hijos y dejarlos al alcance de ellos o de ellas para que puedan consultarlos cuando lo deseen.

CAPÍTULO 6

EL SIDA Y LOS NIÑOS

Difícilmente los niños se infectan con el virus de inmunodeficiencia humana (VIH), a no ser que hayan nacido con él, que se hayan contagiado durante la lactancia, que hayan sido víctimas de violación o de abuso sexual, o por un accidente, como la muy poco probable transfusión de sangre infectada o el uso de materiales infectados. La mayoría de los casos de transmisión del VIH en la actualidad ocurren por vía sexual, por el uso de jeringas infectadas entre usuarios de drogas intravenosas, o durante la gestación o a través de la leche materna de madres portadoras cuando no se toman las medidas necesarias para impedir que el bebé se infecte.

Por su edad, no parece que los niños estén en momento de poner en práctica medidas preventivas para evitar contagios por la vía sexual, como el uso del condón. Sin embargo, hay muchas cosas que ellos y nosotros necesitamos saber sobre el VIH. Por un lado, porque escuchan sobre el tema y desean entender más acerca de qué se trata y, por otro, porque nuestros propios miedos y prejuicios pueden llevarnos a inculcar en ellos actitudes discriminatorias y temores infundados que afectarán sus relaciones con personas que viven con el virus, si es que están en contacto con alguna, e ir alentando actitudes que a la larga podrían ponerlos en mayor riesgo de infectarse.

Acerca de las vías de transmisión, los medios de prevención y otros aspectos específicos de la infección hablaremos más adelante en el capítulo destinado a los adolescentes; esa misma información puede servirnos para formular sencillas explicaciones y así responder a las interrogantes de los niños, despejando sus dudas.

En este apartado trataremos los mencionados temores que nos puede generar el que nuestros hijos e hijas convivan con un niño infectado por el VIH o cuyos padres u otro familiar tengan el virus.

CÓMO SÍ Y CÓMO NO SE CONTAGIA

Uno de los mayores miedos que pueden surgir al saber que un compañero de clase de nuestros hijos vive con VIH es que puedan contagiarse. Nos imaginamos cualquier cantidad de situaciones como qué pasaría si están jugando y de pronto uno se cae y se raspa y el otro cae justo después y se raspa también con el pedazo de suelo en que quedó la sangre del otro, o si de pronto le regala una mordida de su sándwich y a través de la saliva se contagia, o por usar el mismo baño. Sí, la salud y bienestar de nuestros hijos e hijas es primordial, pero la convivencia no los pone en riesgo y esa aprensión no tiene fundamento, pues son situaciones muy improbables o que no representan riesgos reales y sólo fomentan en ellos actitudes discriminatorias, así como la idea de que cuando algo se teme, no se entiende o parece muy diferente, lo adecuado es excluir, aislar y marcar.

Recordemos que el VIH sólo se contagia por vía sexual —al intercambiar fluidos como el semen o las secreciones vaginales con alguien infectado—, a través de la sangre o de la madre al hijo durante la gestación, el parto o la lactancia. Ni los niños ni los adultos se pueden contaminar por el sudor, la saliva o el contacto de piel con piel. Así, practicar deportes, sentarse en la misma banca, beber del mismo vaso, abrazarse, darse la mano, ocupar el mismo baño, conversar o compartir la ropa o la almohada con una persona que vive con VIH no representa ningún riesgo.

Es cierto que en la saliva se pueden encontrar rastros del VIH y quizá eso nos haga preguntarnos si será seguro usar los mismos cubiertos o besar a alguien que tiene el virus. La respuesta es sí, sí es seguro, pues para que ocurriera el contagio se necesitaría cierta carga infecciosa y la cantidad que se encuentra en la saliva está muy por debajo de ella. Se necesitarían litros de saliva para que esto sucediera.

El VIH sólo podría transmitirse si una cortada abierta que sangra abundantemente entrara en contacto con otra igual, lo cual es muy poco probable.

Sería más útil explicar a los niños por qué no deben entrar en contacto con la sangre de otras personas, en vez de fomentar el miedo y promover el rechazo a quien vive con el virus.

Cuando no son los niños, sino los padres quienes viven con VIH, suelen aflorarnos muchos prejuicios producto de la forma en que se ha estereotipado a estas personas. Si pensamos, erróneamente, que sólo los homosexuales, los drogadictos y quienes tienen muchos compañeros sexuales se infectaron con el VIH, tenderemos a catalogar a los padres de ese niño o niña en esas categorías comúnmente cargadas de percepciones muy negativas. Entonces prohibiremos a nuestro hijo que vaya a comer a su casa o a hacer algún trabajo en equipo por temor a lo que pueda pasar en ese hogar, que aprenda conductas "desviadas" y perjudiciales o se encuentre en alguna situación de riesgo. No obstante, cabe recordar que el VIH puede atacar a cualquier persona. En particular en México, el número de mujeres infectadas ha aumentado en los últimos años y esas mujeres son en su mayoría casadas y sólo han tenido una pareja o a lo mucho dos o tres a lo largo de toda su vida. Algo similar sucede en Chile, donde al tener una sola pareja las mujeres se sienten protegidas y libres de la necesidad de usar condón. No son precisamente drogadictas ni tienen varias parejas a la vez y, sin embargo, se infectaron. Lo que se necesita para contagiarse de VIH es tener conductas de riesgo, y ésas las puede tener cualquiera que sea sexualmente activo y se sienta libre de la posibilidad de infectarse.

POR QUÉ LA DISCRIMINACIÓN AGRAVA EL PROBLEMA

La discriminación y segregación de las personas —niños y adultos— que viven con VIH no nos protege mejor; al contrario, complica aún más la situación; se bloquean los esfuerzos para combatir la enfermedad y se crea el clima propicio para su expansión (véase Programa Conjunto de las Naciones Unidas para el VIH/sida, *Situación de la epidemia de sida*). Quienes viven con el VIH, al suponer o saber que serán rechazados y discriminados, prefieren vivir su situación en silencio, no comentarla con nadie y, por tanto, no buscan ayuda ni los tratamientos necesarios para mejorar su calidad de vida. En México, hasta el 2003, menos de la mitad de las mujeres con VIH acudía a los servicios de salud; el resto los evitaba por miedo a la discriminación y el estigma y, más que temor a que las rechazaran a ellas, les preocupaba que discriminaran a sus hijos (véase Mariana García, "Recuento 2003").

Muchas de las personas que sospechan que podrían estar infectadas prefieren no averiguarlo por miedo al diagnóstico, o a lo que desencadenaría social y familiarmente incluso la sola noticia de haberse hecho una prueba. Así, muchas veces persisten en prácticas de riesgo para ellos y sus parejas.

Hablar clara y abiertamente, prevenir las situaciones en las que es necesario hacerlo y tener información veraz son mejores medios de prevención que la segregación, y eso es algo que podemos ir aprendiendo desde pequeños.

CAPÍTULO 7

EL ABUSO SEXUAL

El abuso sexual infantil se define como todos los actos que comete un adulto con un menor (o un adolescente con un niño) con el fin de obtener satisfacción sexual, valiéndose de engaños, amenazas o manipulación. Aunque las definiciones pueden tener pequeñas variantes, Glaser y Frosh señalan en *Abuso sexual de niños* que existe un elemento central: es algo que lleva a cabo un adulto (o persona considerablemente mayor que el niño) para su propia finalidad sexual, tomando al menor como objeto. Este tipo de vínculo siempre implica un abuso de poder. Las experiencias sexuales entre niños y niñas de la misma edad no se consideran abusos, sino que, como hemos explicado en capítulos anteriores, son juegos, por lo que el trato que se da en una situación así es distinto.

El abuso puede consistir en besos, caricias o abrazos; caricias en los genitales; sexo oral; cualquier tipo de penetración (con el pene, los dedos o algún objeto) en la vagina o el ano; ser obligado a presenciar actos sexuales o a ver algún tipo de pornografía; participar en pornografía o prostitución infantil o ser obligado a escuchar relatos sexuales o pornográficos (véase E. Bass y L. Davis, *El coraje de sanar*).

Hay abusos más severos que otros, y si bien el abuso sexual infantil es usualmente experimentado de modo aversivo, los niños también pueden ser víctimas de abuso sin ser conscientes de ello.

TRAICIÓN A LA CONFIANZA

Solemos decir a los niños y niñas que se mantengan alejados de los extraños y no acepten nada de gente que no conozcan, como una manera de evitar esta y otras situaciones que podrían ponerlos en riesgo. No obstante, en el caso del abuso sexual las estadísticas señalan que la gran mayoría de las veces, especialmente cuando se trata de niñas, quien abusa es una persona conocida y cercana, incluso un integrante de la familia.

Es esa relación de confianza de la que se sirve el abusador y la que hace que, muchas veces, el o los adultos que se enteran de lo que está sucediendo no logren creer que sea verdad y afirmen que el relato del niño o de la niña es producto de su fantasía. Es muy importante tener presente que difícilmente ellos inventarán una historia así y, además, que si son víctimas de un abuso sexual nunca tienen la culpa ni son responsables de él. Aun en el hipotético caso de que un niño pidiera a un adulto que le mostrara sus genitales, le permitiera tocarlos o algo más que provocara excitación en el mayor, el adulto tiene la posibilidad y la responsabilidad de poner un límite.

David Finkelhor, investigador de estos temas, dice en su libro *Abuso sexual al menor* que de pronto pareciera que algunos niños colaboran con el ofensor o están de acuerdo con las actividades que llevan a cabo con él, pues permiten que la situación continúe y aceptan seguir viendo a solas a estos individuos. Pero la realidad es muy distinta. La persona que abusa va creando un ambiente especial que fortalece su poder y deja al niño incapaz de defenderse, sin que para ello tenga que utilizar la fuerza física. Es la fuerza de hacerle guardar el abuso en secreto, de decirle que si habla la familia se desintegrará o algo terrible sucederá, o de hacerle creer que todos los adultos hacen eso con las niñas o los niños y que si lo eligió a él es porque tienen un vínculo muy especial que no debe traicionar. Además, este ambiente implica una serie de circunstancias previas al abuso que, a fuerza de repetirse, generan mucho miedo en el menor; puede ser una simple mirada o ciertas palabras que le hacen saber que la escena se repetirá, quedando él paralizado y sin poder salirse de esa relación. No es que no haya querido defenderse o que deseara que la situación continuara, sino que la alienación, el miedo y la negación de sus propias percepciones no le permiten hablar (véase R. Perrone y M. Nannini, *Violencia y abusos sexuales en la familia*).

Si bien, como mencionamos, el abuso suele vivirse como algo aversivo, también es posible que provoque reacciones de excitación en la víctima. Esto puede ser utilizado por el agresor para argumentar que el menor lo buscó, con lo que se refuerza la falsa idea en el niño o la niña de que fue culpable o lo provocó, además de la sensación de vergüenza que le hace más difícil hablar del suceso.

La proporción de niñas que sufren abuso sexual en la infancia es mayor que la de varones; no obstante, también un número importante de ellos son víctimas de estas ofensas; muchas veces por parte de otros hombres, pero también pueden ser mujeres.

Una serie de mitos impiden que los hombres reconozcan y hablen sobre la experiencia sufrida, y ese silencio contribuye a que tales actos sigan cometiéndose.

Los valores culturales que existen en torno a ser hombre hacen que los niños, desde muy pequeños, aprendan que deben ser fuertes y no sentir dolor y, si esto es así, mucho menos pueden reconocerse como víctimas y mostrarse vulnerables. Con esa perspectiva, para un hombre del que se abusó sexualmente aceptar dicho abuso va en contra de su propia imagen masculina, por lo que lo oculta mientras se refuerza en él la falsa idea de que fue su culpa y tiene una falla de la cual debería avergonzarse.

ALGUNAS SEÑALES

Cuando un niño está siendo o ha sido víctima de un abuso sexual puede mostrarse deprimido, sentirse constantemente culpable y avergonzado, tener miedo y ansiedad y una autoestima disminuida. Es posible que presente conductas autodestructivas, fobias, que tenga frecuentes pesadillas y esté inquieto. De pronto puede presentar conductas regresivas como orinarse en la cama cuando había dejado de hacerlo, o actuar como niño más pequeño. Con frecuencia su rendimiento escolar baja y manifiesta una excesiva atención hacia los juegos y conversaciones sexuales.

Las relaciones erotizadas, en las que finge ser la pareja de un mayor y tener conductas sexuales o buscar tocar los genitales de un adulto simulando una masturbación, por ejemplo, son signos que apuntan a que el niño ha estado sometido a un abuso sexual.

Además, hay manifestaciones físicas que hacen suponer que el pequeño ha sido una víctima: hemorragia vaginal (antes de la pubertad), esfínter anal laxo o con fisuras, hematomas en el área genital y la presencia de infecciones de transmisión sexual (véase D. Glaser y S. Frosh, *Abuso sexual de niños*).

QUÉ PODEMOS HACER

De entrada, recuerde que el niño nunca tiene la culpa y es muy difícil que invente una situación de este tipo. Seguramente le ha costado mucho trabajo decírselo. Lo más probable es que tenga mucho miedo y se sienta avergonzado y culpable por lo sucedido, así que apóyelo totalmente, escúchelo y respáldelo. Corte todo contacto del niño con la persona que está abusando de él y busque asesoría profesional para su caso.

Cuando al sorprender a los menores en un juego sexual nos surge la sospecha de que alguno de ellos podría estar repitiendo lo que ha vivido en una relación de abuso, podemos preguntarle tranquilamente, sin enjuiciar ni atemorizarlo, con quién más juega a eso, cómo es el juego y en qué circunstancias se da, para reunir toda la información posible que permita confirmar o desechar la sospecha.

CÓMO SE PUEDE PREVENIR

Hay muchas maneras de prevenir los abusos sexuales en los niños y no están ligadas con infundirles temor y desconfianza hacia la gente o prohibirles el contacto físico con otras personas o con otros niños. Se puede recibir y manifestar afecto, tocar y abrazar a la gente —lo cual, además, contribuye al sano desarrollo de sus capacidades, de su autoestima y hasta de su inteligencia— sin caer en la paranoia del abuso sexual de la manera en que sucede con frecuencia en lugares como los Estados Unidos, donde suele desalentarse el contacto entre los mismos niños y las maestras de los jardines de infantes deben evitar limpiarlos cuando van al baño o ayudarles a subirse la ropa interior. No se trata de ver todo contacto como riesgoso, sino de conocerse, identificar las propias sensaciones, emociones y percepciones y validarlas, así como de aprender a tomar decisiones y que éstas sean respetadas.

Conocer el propio cuerpo y sentirse cómodo con él facilita que las niñas y los niños comuniquen lo que experimentan, que podamos oírles decir "me duele la vulva" o "alguien me mostró su pene" sin sentirse turbados ni culpables por ello. Si aprenden que sus genitales están mal y que lo referente a ellos es sucio y vergonzoso, tendrán más miedo y dificultades para hablar de lo que les sucede. De hecho, una educación sexual muy restrictiva y conservadora, en la que se condena explícitamente todo contacto sexual, predispone en mayor grado a sufrir un abuso.

Es importante que validemos y respetemos las percepciones de los niños y les demos espacio para decidir lo que quieren en la medida en que les es posible expresarlo según su edad. Así, si se sienten incómodos de tener que ir a casa del tío o no quieren que el abuelo los lleve de paseo, si se angustian por tener que ir a la clase de gimnasia o nos llaman después de una hora de estar en casa de un amigo para que vayamos por ellos, no tratemos de convencerlos de que lo que sienten no puede ser así, apoyémoslos y, en todo caso, averigüemos a qué se debe su rechazo. Es muy importante que aprendan a confiar en ellos mismos y sepan que realmente cuentan con nosotros.

Como parte de la educación, les enseñamos a obedecer a los adultos en todo lo que ellos digan, sin embargo, es importante que los niños puedan aprender a escucharse ellos mismos para poder salirse de una situación que les incomoda o pedir ayuda.

CAPÍTULO 8

LA PUBERTAD

Durante la infancia todo el cuerpo crece, pero llega un periodo, generalmente entre los 9 y los 13 años, en el que se activa y agudiza la producción de ciertas hormonas que provocan cambios en cadena. En este periodo, llamado *pubertad*, aparecen los caracteres sexuales secundarios y se alcanza la madurez sexual, es decir, se presenta la primera menstruación o las primeras eyaculaciones.

En esta etapa empiezan a ocurrir una serie de cambios físicos y emocionales completamente nuevos para niños y niñas. Son muy rápidos, drásticos y no tienen control sobre ellos. Ven cómo empieza a cambiarles el cuerpo, a crecerles vello donde no tenían, a las niñas les aumenta el volumen del busto, su olor es distinto y todo su cuerpo crece de manera acelerada, sin que puedan hacer nada al respecto ni saber en qué momento se detendrá el proceso ni cómo quedarán al final de éste. Sus dudas, angustias y ansiedades ante esos cambios pueden ser más o menos acentuadas en función de la información y el apoyo con el que cuenten. Necesitan saber qué va a suceder y estar tranquilos porque se trata de algo natural; de lo contrario, pueden vivir con miedo, confusión y vergüenza, lo que a su vez afecta su autoestima y la manera de relacionarse con los demás.

CADA QUIEN A SU RITMO

Con frecuencia oímos y decimos que los niños están llegando a la pubertad cada vez más rápido. No es sólo una percepción matizada por el paso de los años lo que nos hace ver a las generaciones menores más adelantadas de lo que fueron las nuestras a esa edad. Existe una discusión médica acerca de si en las últimas décadas este proceso está iniciando antes de lo que solía (véase Gina Kolata, Marcia Herman-Giddens, Cathy Egli, Peter Lee y Howard Kulin), pero, independientemente de si esto está sucediendo así y si representa una diferencia marcada en generaciones tan cercanas como la de nosotros y la de nuestros hijos, de unos siglos para acá sí hay un cambio notorio, sobre todo en cuanto a la primera menstruación se refiere. La edad promedio de su aparición en la actualidad es a los 12 años, mientras que a finales de 1700 era de 16.6 años. Junto con la aparición más temprana de los caracteres sexuales también se manifiestan otro tipo de intereses e inquietudes de los púberes, que hacen más apremiante la necesidad de darles información oportuna acerca de sus cambios.

Si bien la edad promedio de inicio de la pubertad es entre los 9 y los 13 años, todos los niños y niñas tienen un ritmo distinto de desarrollo. El de las mujeres tiende a iniciarse aproximadamente un año antes que el de los varones y se da de manera más acelerada, pero incluso entre personas de un mismo sexo las diferencias pueden ser muy marcadas. Hay niñas a quienes les llega la primera menstruación a los 8 años y a otras a los 14, y varones que inician su desarrollo a los 10 y otros a los 13; esta diferencia en el proceso es perfectamente normal. De la misma forma, aunque hay un patrón de evolución de los cambios de la pubertad, cada individuo puede presentar variantes personales sin que esto sea una razón para inquietarse; también los resultados finales de cada cual serán distintos y dependerán de sus características hereditarias. Sin embargo, esto puede ser fuente de dudas y sensaciones de inadecuación en quienes tienen ritmos más lentos o acelerados, o sienten que son distintos de los demás o del ideal que desearían alcanzar.

Aquellas niñas que empiezan a desarrollar el busto primero pueden sentirse extrañas frente al resto de sus compañeras, y a su vez, aquellas que tardan más pueden preguntarse cuándo empezará a crecerles a ellas o si se quedarán así. Los varones también tienden a comparar el tamaño de sus genitales y llegan incluso a medirlos para ver a quién le han crecido más. Algunos dan el estirón muy temprano y se ven mucho más altos que el resto de sus pares o, por el contrario, son mucho más pequeños. Es posible que todo esto lo vivan como algo normal, pero también puede llegar a causarles sensaciones de incomodidad cuando sienten que llaman mucho la atención por sus formas, cuando el grupo no quiere incluirlos en el equipo de basquetbol porque son mucho más pequeños o cuando los excluyen de otras actividades porque su tamaño los aventaja. Por eso el apoyo que les demos debe tomar en cuenta las situaciones por las que atraviesan al igual que sus compañeros, derivadas de su desarrollo y de los supuestos modelos de belleza.

Los púberes tienen sus propios miedos e incertidumbres acerca de su desarrollo, pero los padres también. Muchos de ellos se preocupan, por ejemplo, porque su hijo ya tiene 13 años, sienten que no ha crecido suficiente y temen que su estatura vaya a ser demasiado corta. Lo llevan a varios médicos para ver si tiene algún problema hormonal o si existen medios para hacer que crezca un poco más de lo que marca su potencial genético. Pero ¿cómo viven esto los chicos? En las sesiones de grupo algunos de los púberes expresan que se sienten presionados y desubicados por no cumplir las expectativas de facciones, talla y figura que tienen sus padres, y creen que para ser aceptados por ellos deberían crecer más, ser más ágiles de lo que son, más fuertes, las chicas con más busto, menos vello, más delgadas, con otro color de pelo, etc. Si de por sí a ellos les cuesta mucho trabajo asumirse como son y sentirse seguros con su aspecto y con todos los cambios que están viviendo, las exigencias de los padres para que cumplan con determinadas características sobre las que, además, ellos no tienen ningún control, les hacen la tarea mucho más difícil.

Antes de caer en esto sería bueno preguntarnos si lo que es aparentemente raro en su proceso de crecimiento es en realidad un problema de salud o una irregularidad en el desarrollo que deba atenderse, lo cual efectivamente puede suceder, o si sólo se trata de una expectativa con la que, si se cumple, creemos que el chico o la chica se verán y sentirán mejor.

Según explica Elizabeth Hurlock en *Psicología de la adolescencia,* en esta etapa los jóvenes se hacen tres preguntas esenciales: "¿Soy normal?", "¿Estoy adecuado a mi sexo?" y "¿Qué puedo hacer para que mi cuerpo alcance la figura ideal?" Agregarles dudas y sentimientos de incomodidad consigo mismos les hará el proceso más difícil; en cambio, aceptarlos como son representará un gran apoyo.

QUÉ LE PASA AL CUERPO

En la pubertad, el crecimiento se da de forma muy acelerada y un poco irregular. Es decir, podría ser que primero crezcan los pies y las manos y luego el resto del cuerpo, que sean largos y flacos y eso preocupe, o que la nariz sea la primera en aumentar de tamaño y todo esto haga sentir a los jóvenes algo desproporcionados, con dudas acerca de cuál será el resultado final de esta transformación y problemas para encontrar la ropa que les acomode. Además, las extremidades crecen a gran velocidad y toma tiempo en ajustarse a sus nuevas dimensiones, por lo que se tropiezan o se les caen las cosas con mayor facilidad. Esto puede suceder en ambos sexos pero, por supuesto, en esta etapa hay cambios muy específicos en hombres y mujeres, de los cuales hablaremos a continuación.

Recordemos que aunque hay un patrón general de desarrollo no todos siguen el mismo ritmo y pueden existir muchas variantes que también son normales, es decir, no hay un patrón ideal por cubrir ya que todos los individuos tenemos aspectos, tamaños y formas distintos.

LAS MUJERES

Una de las primeras manifestaciones del desarrollo es el visible crecimiento del cuerpo. Los senos adquieren mayor volumen de manera paulatina. En un inicio se infla ligeramente el pezón y se endurece, lo que puede llegar a ser algo doloroso, y poco a poco crece el resto del pecho. El proceso completo, desde estas edades hasta que alcanzan su tamaño final, dura varios años, en los que en algunos momentos uno de los dos senos puede ser un poco más grande que el otro (lo que, de hecho, sucede en cualquier momento de la vida por cambios hormonales). Todo esto es normal, pero si la chica no lo sabe es posible que se asuste y se pregunte qué le está pasando. Es importante que sepan que el tamaño de los pechos varía mucho de una mujer a otra y el volumen no tiene una relación directa con la cantidad de leche que podrán producir al tener un bebé.

Posteriormente aparece el vello púbico, primero de manera discreta, delgado y en pocas cantidades. Con el tiempo se va volviendo más grueso y abundante y su color no siempre corresponde exactamente al del pelo del cuero cabelludo.

Varios meses antes de que se presente la primera menstruación, es normal que empiece a salir por la vagina un flujo transparente o amarillento que suele dejar una mancha en su ropa interior del que muchas veces olvidamos hablar a las jóvenes. Les decimos que un día menstruarán, pero no mencionamos esta fase previa que muchas viven sin entender bien de qué se trata. Más o menos un año o dos después del inicio del desarrollo de los senos, y meses después de que este flujo ha empezado a secretarse, se presenta la primera menstruación y los óvulos empiezan a madurar. A la par de estos cambios internos, se ensancha la cadera y sale vello en las axilas, además de que cambia un poco la voz.

La primera menstruación

Una de las grandes dudas de las niñas es cómo sabrán cuándo les llegará la primera menstruación y qué hacer si las toma por sorpresa en la clase de deportes o en alguna otra situación que les pueda resultar embarazosa. Es útil mostrarles alternativas para que estén más tranquilas, como traer una toalla en la mochila, por si acaso, cuando ya han pasado por parte del proceso de desarrollo mencionado; o saber que en algunas escuelas pueden ir a pedir una toalla a la enfermería, a la dirección o incluso en algunos lugares las venden en dispensadores dentro del baño. También se preguntan cómo se ponen y cada cuánto se cambian para evitar accidentes —al no saber, algunas se imaginan que el autoadherible se pega al cuerpo—, y cómo funcionan los tampones, o si pueden usarlos.

Es importante que sepan que en los primeros meses la menstruación es muy irregular. Puede aparecer una vez un par de días y volver a presentarse dos meses después, durar tres días y llegar de nuevo a los 15, hasta que poco a poco se va normalizando y aparece más o menos cada 28 días, cada 25, 32, aunque puede variar en cada periodo.

Lo que solemos explicar a las niñas es que la menstruación es una capa que recubre la matriz y hace las veces de nidito para que, si se fecunda un óvulo, se adhiera ahí y empiece a desarrollarse, pero de no suceder esto, la capa se desprende y se desecha a través de la vagina para después formarse una nueva y reiniciar el ciclo. Sin embargo, vale la pena aclararles que lo que sale es la capa y no el óvulo que se desintegra, ya que si bien es probable que salga junto con el flujo, no es la fuente del sangrado; una célula microscópica sería incapaz de producir la menstruación de tres o cinco días. A veces también tienen la idea de que esa sangre es la misma que corre por sus venas y se preocupan de estarla perdiendo, de manera que aclararles su origen puede hacerlas sentir más tranquilas.

Los niños también suelen tener muchas dudas al respecto y es probable que un día nos aborden con alguna pregunta. El hecho de que ellos no vivan tal experiencia no implica que no deban saber de ella; al contrario, conocer mejor ese proceso femenino les es útil para entender a sus compañeras, además de que les deja la idea de que hombres y mujeres pueden hablar de esos temas. Ellos preguntan con frecuencia cómo sale, si se siente o no, si dura todo el tiempo o es algo que pueden controlar como la salida de la orina. También si huele mal y por qué ellas cambian de humor cuando están menstruando, preguntas más bien motivadas por las imágenes estereotipadas de las mujeres en ese periodo que por una observación personal.

Como todas las secreciones corporales, la menstruación tiene cierto olor pero, a menos que haya algún problema o una infección, éste no es altamente perceptible ni desagradable, ni algo que las jóvenes tengan que esconder a como dé lugar con perfumes, lavados vaginales u otros métodos no recomendables.

Para las niñas es un evento importante que muchas veces toman, entre otras muchas emociones, con verdadero desconcierto. Socialmente solemos cargar este evento con muchos significados, los cuales valdría la pena analizar. ¿Qué creemos nosotros de la menstruación? Tal vez nos digamos "Pobrecita, va a sufrir", o "Qué maravilla, festejemos, ya es una mujer, ya puede ser madre", o simplemente lo tomemos como un paso más del desarrollo de toda mujer. Esa primera reacción de nuestra parte dice mucho del mensaje que le damos sobre su cuerpo y la condición femenina. ¿Cuál queremos transmitirle?

LOS HOMBRES

Los varones notan que también el pene y los testículos aumentan de tamaño. Empieza a salir vello en la zona del pubis, en las axilas y un poco de bigote. Algunas veces el pezón llega a abultarse ligeramente, lo que puede moverlos a molestarse entre compañeros o a sentir que están adquiriendo un aspecto femenino; sin embargo es algo normal que suele desaparecer con el tiempo.

En algunos casos les empieza a salir un poco de barba y vello en el pecho, aunque para muchos esto empieza a presentarse varios años después. La abundancia depende mucho de factores genéticos; así, algunos tendrán mucho pelo en el pecho y la barba cerrada, mientras para otros será escaso.

Las erecciones involuntarias son más frecuentes; algunas veces provocadas por imágenes eróticas o estímulos sexuales, pero otras veces no, simplemente aparecen ante el roce con la mesa o en los momentos más inoportunos, como cuando están parados frente al grupo. En la pubertad, los testículos comienzan a producir espermatozoides y se presentan las primeras eyaculaciones, generalmente cuando los jóvenes duermen. Es posible que sean producto de algún sueño con contenido erótico, pero no necesariamente es así. Cuando no tienen información al respecto llegan a sentirse avergonzados, incómodos y hasta culpables de lo que les está sucediendo, sobre todo si creen que han hecho algo indebido para provocarlo. Con el tiempo, estos sueños húmedos o emisiones nocturnas se van haciendo cada vez más esporádicos hasta desaparecer, aunque también es posible que un adulto llegue a experimentarlos.

El tamaño de sus genitales suele ocupar gran parte de su atención, en buena medida debido a lo que escuchan acerca de que un pene más grande es mejor pues representa mayor virilidad. Se miden y comparan con sus compañeros y se dicen unos a otros que el tamaño del pene equivale al tamaño de los pies o de las manos, que se puede calcular midiendo la distancia que hay entre la punta del pulgar y el meñique al extender los dedos de la mano, o que quienes son más altos seguramente lo tienen más grande. Esos mitos aprendidos en la pubertad y la adolescencia muchas veces generan miedos que permanecen vigentes a lo largo de la vida y motivan a muchos adultos a buscar métodos para alargar o ensancharse el pene pues creen que su tamaño no es adecuado, así que es conveniente aclararlos de una vez. Pueden existir diferencias de varios centímetros en el pene de uno y otro hombre adulto y ambos ser perfectamente funcionales. Su tamaño no puede calcularse con el de ninguna otra parte del cuerpo y la estatura y complexión no se relacionan con el aspecto del órgano. Lo que sí puede suceder es que en los hombres con sobrepeso la grasa del pubis tape parte de la base del pene y le dé una apariencia más corta.

La presencia o ausencia de prepucio también da un aspecto distinto al órgano masculino. No es que uno sea adecuado y el otro no, simplemente se ven diferentes, y quienes sí tienen prepucio deben retraerlo para limpiar la cerilla (esmegma) que se forma entre éste y el glande.

A partir de esta edad es importante que los hombres aprendan a observar que no haya un crecimiento anormal, protuberancias u otras anomalías en sus testículos para prevenir o tratar a tiempo el cáncer en esa zona, que se presenta con mayor frecuencia entre los 13 y los 30 años. La autorrevisión debe hacerse una vez al mes, al salir del baño, cuando el escroto está más distendido, palpando cada uno de los testículos entre el pulgar y los dedos índice y medio juntos.

LA MASTURBACIÓN

El cuerpo cambia y esto requiere una serie de reajustes. Su apariencia es distinta y también se experimentan nuevas sensaciones. Así, la autoexploración y el autoerotismo o masturbación se presentan como una forma de reconocerlo, saber qué se siente, qué le pasa y cómo reacciona frente al contacto. Esta actividad se vuelve más frecuente en esta etapa y durante la adolescencia. Algunos lo podrán hacer todos los días, otros de manera más esporádica, y también habrá quien no lo haga casi nunca o prefiera evitarlo. Si bien en los hombres esta actividad suele darse con mayor frecuencia, las mujeres también la practican. Sobre todo en el caso masculino, es posible que de pronto la masturbación se lleve a cabo en grupos de amigos, a veces empezando de manera espontánea al comparar sus órganos, y otras como parte de un concurso para ver quién eyacula más rápido, en mayor cantidad o con mayor precisión (véase M. Cornog, "Group masturbation among young and old(er)").

Valdría la pena recalcar que cuando la masturbación llega a darse en grupo o como parte de un juego frente a algún par, es importante que los jóvenes se sientan con la seguridad de poder suspenderla y retirarse si se sienten incómodos, así como de poder evitar ese tipo de contextos a pesar de la presión de sus compañeros o amigos. No se trata de que como padres nos sentemos a describirles la situación, pero éste es el tipo de actitudes y herramientas que, como hemos mencionado anteriormente, se van desa-rrollando desde que son pequeños y los ayudan en ese y otros contextos. Y claro, también se puede abordar el tema abiertamente si es necesario.

La autoexploración y el autoerotismo son naturales en la infancia, y por supuesto también en la pubertad y la adolescencia. No causan daños físicos ni mentales, ni dificultades para relacionarse en pareja en la edad adulta, no provocan disfunción eréctil ni eyaculación precoz, ni que hombres o mujeres inicien antes su vida sexual activa, así como tampoco les crea un vicio o una adicción a la excitación sexual. Vista como un proceso natural, ayuda a que reconozcan sus genitales y se sientan cómodos con su sexualidad y las respuestas de su organismo, además de que es una forma de obtener placer sin riesgos de embarazos o infecciones de transmisión sexual.

Existen muchos mitos acerca de la masturbación y es probable que en la pubertad y la adolescencia les surjan dudas al respecto, la mayor parte de las veces producto de lo que han escuchado. Por eso es común que teman estarse haciendo algún daño, sentirse mal porque sea una práctica demasiado frecuente o tener algún problema sexual por disfrutarlo y desear hacerlo.

Es importante que chicos y chicas sepan que hay quien lo hace y quien no —o al menos "no tan seguido"— y que si se sienten cómodos con ello y lo disfrutan no les causará daño. También conviene que conozcan la importancia de estar en un lugar privado y seguro para ello, y evitar hacerlo con las manos sucias o con objetos que podrían lastimarlos o provocarles una infección.

El autoerotismo podría ser síntoma de un problema cuando se da de manera compulsiva para mitigar la angustia y la ansiedad ocasionada por situaciones que no se están pudiendo manejar y que sería muy importante tratar y resolver. En estos casos no es el placer sexual lo que lleva a los chicos a pensar sólo en eso, aislarse e invertir luego gran parte de su tiempo en esta actividad sexual; aquí la masturbación más bien funge como la válvula de escape de aquello que pide solución.

La diferencia entre el autoerotismo común y el que puede ser síntoma de un problema oculto no es la frecuencia con la que se practica, sino la ansiedad y angustia que se busca descargar a través de ello. Además, en este caso la actividad suele vivirse con culpa, ésta vuelve a generar ansiedad y provoca que se busque repetir la autoexploración para terminar con la sensación molesta. Pongamos el ejemplo de alguien que come compulsivamente. Cada vez que se siente ansioso o angustiado, come. Eso mitiga su molestia, pero después se siente culpable por haberlo hecho. Esa culpa genera de nuevo molestia, la cual se intenta atenuar con la comida, y así el círculo se repite. Pero no es que la comida cause el problema, sino que la persona canaliza sus conflictos en el comer compulsivo. En lugar de echarle la culpa a la comida, lo que hay que hacer es averiguar qué es lo que no está resolviendo.

LO EMOCIONAL

La pubertad representa un cambio de imagen corporal, de la percepción de sí mismo y de los demás, así como de la impresión que los demás tienen del niño o de la niña que hoy son preadolescentes, por lo que requiere muchos ajustes. Se ven, se sienten y los tratamos diferente, y se preguntan por qué de pronto les decimos que ya están suficientemente grandes para hacerse responsables de algunas cosas pero muy chicos para hacer otras que ellos desean, lo que suele generarles enojo y una sensación de incomprensión.

La adaptación a esta nueva circunstancia se produce con sentimientos encontrados: hay un gran deseo de crecer y ser más independiente pero, al mismo tiempo, se experimenta el temor y el duelo de perder lo que se tenía como niño.

Junto con la transformación física, los púberes también buscan probar sus capacidades lejos del hogar, con el grupo de pares. Cambian sus intereses, nos cuestionan con mayor frecuencia y van prefiriendo realizar más actividades con sus amigos que con el resto de la familia. Entre todos estos sentimientos encontrados hay gran molestia, confusión, entusiasmo, sentimientos de inadecuación e incomprensión, miedos, euforia y, en ocasiones, también cierta culpa por alejarse de sus padres y ser diferentes de ellos o no responder a sus expectativas. El apoyo y la confianza en sus propias habilidades y la seguridad de que seguiremos ahí, ayuda a reforzar su autoestima y darles mayor seguridad para experimentar este proceso.

Hay chicos que hablan de los cambios de su cuerpo con gran soltura y, por ejemplo, comentan en el salón de clases o le participan al resto de la familia durante la sobremesa que ya les salió vello en las axilas, o chicas que platican que ya se compraron su primer sostén porque les están creciendo los pechos. Cierto, hay niñas que sin ningún reparo comentan frente a sus compañeros de 11 años que ya empezaron a menstruar, o niños que hablan de sus erecciones, pero muchos otros prefieren que su proceso de desarrollo pase más bien desapercibido y por lo mismo no aprecian que se comunique a toda la familia la llegada de la menstruación o que se bromee sobre el bigote que le está saliendo. Esos comentarios que a veces hacemos los adultos, como "pero si ya se está transformando en todo un jovencito", "mira, ya le está saliendo bigote" o "ya huele a suegro", pueden hacer sentir bastante mal al implicado y es importante que lo tomemos en cuenta y respetemos su intimidad y su espacio.

Una buena alternativa para ayudarnos a entender mejor lo que nuestros hijos e hijas están pasando es recordar cuando nosotros teníamos esa edad. ¿Qué pasaba por nuestra mente? ¿Qué dudas teníamos? ¿Qué habríamos necesitado saber? ¿Cuáles eran nuestros temores? Si tomamos eso en cuenta a la hora de hablar con quienes ahora son púberes, es muy probable que tengamos mayores posibilidades de establecer una buena comunicación con ellos, que se sientan libres de preguntar y despejar sus dudas para evitar muchas de las angustias y sentimientos de inadecuación que crea la ignorancia sobre el proceso de cambio.

LOS LÍMITES

Los púberes, al igual que los niños y los adolescentes, necesitan límites congruentes que les den una estructura personal propia. No se trata de tener una actitud autoritaria e inflexible que se base en la lógica de "porque soy tu madre o tu padre" o "porque lo digo yo". Ese tipo de posturas no facilita que pongan a prueba sus habilidades, aprendan a hacerse responsables y confíen en sí mismos, como tampoco lo hace una actitud sobreprotectora que, finalmente, manda el mensaje de que creemos que el chico no es capaz de solucionar sus problemas por sí solo; necesita apoyo, cierto, pero al mismo tiempo el espacio para actuar con libertad. A esta edad los límites son una especial fuente de discusiones, sin embargo, no facilitamos la situación al ser totalmente laxos para evitar conflictos. Congruencia, constancia y apertura a la hora de marcarlos son de mayor ayuda.

LOS PRIMEROS ENSAYOS

En la pubertad, el grupo de pares se vuelve muy importante y en especial el mejor amigo o la mejor amiga. Con ellos se compara el cuerpo y el progreso del desarrollo y fungen de apoyo para aventurarse a los primeros ensayos de esta nueva imagen y forma de relacionarse. Suelen hacer muchas cosas juntos y, especialmente las mujeres, compartir los mismos gustos. Pueden peinarse y vestirse igual, así como pasar horas hablando y compartiendo todo tipo de fantasías. Los acercamientos al otro sexo empiezan a darse de manera distinta y surgen los juegos en donde pueden tener más cercanía física, como las ruletas de castigos en las que tienen que decir quién les gusta o besar a quien apunta el otro extremo de la botella, con una especie de deseo, curiosidad y reticencia. Si tienen novio o novia, generalmente lo ven en grupo y el resto de los compañeros tienen un papel muy activo en la dinámica de la pareja, desde crear el ambiente para que salgan juntos y de pronto dejarlos solos, hasta crear un espacio previo de seguridad en que ambos implicados conocen, por vía de los amigos, los sentimientos de su pretendiente.

Si bien la pubertad se refiere más a los cambios físicos que se experimentan, también se dan en ella reajustes emocionales que continúan a lo largo de toda la adolescencia. El cuerpo seguirá modificándose durante esa próxima etapa, pero de forma menos acelerada.

DUDAS COMUNES

Chicas y chicos pueden tener mucha información sobre los procesos biológicos que les sucederán, sin embargo, suelen tener también otras dudas sobre éstos y muy probablemente se acercarán a preguntar a sus madres o a sus padres, o nosotros mismos podemos hablar con ellos de manera más abierta para satisfacer su curiosidad.

Es cierto que es más común que las niñas hablen de estos procesos con sus madres y los varones con sus padres, pero no siempre sucede así ni es que por fuerza así deba ser. Con la información adecuada, madres y padres pueden dar la orientación y el apoyo que necesitan los hijos sin importar cuál sea su sexo, además de que hay situaciones en donde los hijos viven sólo con uno de los padres y es a quien, idealmente, se acercarán a preguntarle.

Ellas y ellos tienen dudas sobre su propio desarrollo, sobre el del otro sexo y sobre aspectos relacionados con la reproducción, las relaciones sexuales y las infecciones de transmisión sexual, pero como un punto ajeno a ellos que les despierta curiosidades que todavía no logran entender. Con frecuencia tienen dudas acerca de cómo se forman los gemelos, los mellizos, los trillizos y demás embarazos múltiples más comunes en nuestra época, así como por qué hay niños que nacen con discapacidades. Sobre las relaciones sexuales en el embarazo, existe la fantasía de que la mujer puede embarazarse de nuevo, y se preguntan cómo sale la leche por los pechos y si sólo es en ese periodo de la vida.

Pueden tener claro qué ocurre durante una relación sexual, pero preguntarse cuánto tiempo dura. De hecho, muchos niños y niñas preguntan con asombro si la penetración tiene que durar toda la noche para que salga el semen o si basta con la introducción del pene y listo. Les intriga, con cierta aversión, qué es el sexo oral y por qué las parejas se desnudan y se besan cuando hacen el amor, así como por qué hay homosexuales y cómo se relacionan sexualmente. Quizá muchos de ellos hayan escuchado hablar de la pornografía o conocido sus imágenes, y esto les ha despertado preguntas como por qué la gente la ve o por qué adoptan determinadas posturas en las fotos, entre otras preguntas.

Recuerdo una ocasión en que un grupo de niños y niñas de unos 9 años me preguntaron qué eran los *swingers,* aquellas personas que intercambian parejas, y cuando los cuestioné sobre el origen de la pregunta me comentaron que habían visto una serie de entrevistas al respecto en un popular programa de televisión. Acepto que fue bastante difícil contestar. Podría aventurarme a compartir con usted una posible respuesta, sin embargo, creo que lo ideal sería primero averiguar qué saben y qué se imaginan para retomarlo y, sobre ello, ir aclarando y complementando. En ocasiones las respuestas pueden ser concretas, pero en otras, como en este caso, es necesario crear un contexto.

Como éste hay muchos otros ejemplos de preguntas surgidas de lo visto en una telenovela, en los famosos *talk shows,* los programas cómicos que aluden constantemente a aspectos sexuales o películas pornográficas que ven a través de la televisión por cable o por medio de internet.

Las agresiones sexuales, los abusos y las violaciones con frecuencia les generan interrogantes que podrían plantearnos.

Tienen dudas acerca del sida y también sobre por qué los condones ayudan a proteger de la infección y, si bien han oído hablar de diferentes métodos anticonceptivos, muchas veces no entienden bien su funcionamiento.

Cada niño y cada niña son distintos y pueden plantear preguntas muy diversas motivadas por lo que escuchan, viven y ven o por conceptos que aún no logran organizar claramente en sus esquemas. En cualquier caso, como ya mencionamos, lo más conveniente es responder a todas sus interrogantes de la manera más veraz posible. Si preguntan es porque necesitan una explicación. Recuerde: esto no los incitará a empezar de manera precoz su vida sexual ni despertará su curiosidad desmedidamente.

Capítulo 9

LA ADOLESCENCIA

Durante la adolescencia, los cambios físicos continúan y la preocupación sobre ellos sigue presente. Sin embargo, la mayor parte de la atención se centra ahora en el aspecto social y emocional.

Los jóvenes buscan independizarse de sus padres y reafirmar, como individuos, como hombres y como mujeres, su identidad, su sentido de responsabilidad, sus capacidades de adaptarse y relacionarse con los demás, así como su habilidad para resolver problemas. En esa búsqueda de su propia identidad muchas veces cuestionan los valores, las reglas establecidas y las decisiones de sus padres y de otros adultos. Sus emociones suelen ser muy cambiantes y pasan de la admiración por algo a su desaprobación total en apenas un par de días. De pronto pueden parecer muy maduros, mientras que frente a algunas situaciones reaccionan de forma infantil. En ocasiones sus intereses se centran en aspectos que podrían parecernos de menor importancia o que no necesitan una solución inmediata, como decidir lo que se van a poner para ir a la fiesta de fin de curso, pero no muestran inquietud alguna por un problema escolar que tienen que resolver en el presente.

La adolescencia se vive de formas muy distintas en diferentes culturas y contextos, y mientras en unos es muy prolongada, en otros es casi inexistente, pero en todos los casos hay una serie de reajustes a una nueva condición. En el caso de la cultura occidental, solemos tener una idea bastante estereotipada de los adolescentes, quienes son vistos con frecuencia como personas rebeldes, impulsivas, difíciles para dialogar e incapaces de tomar decisiones responsables. Con frecuencia escuchan decir que no saben lo que quieren ni lo que es bueno para ellos. Intentar acercarnos basados en esta idea preconcebida no nos será de mucha ayuda. La gran pregunta en esta etapa, afirma Elizabeth Hurlock, es "¿Soy adecuado?" y, como ya hemos dicho, para que los jóvenes puedan confiar en sí mismos y en sus capacidades, justo ahora que las están poniendo a prueba de manera más relevante, necesitamos confiar en ellos, hacerles sentir que sí son adecuados y que tienen las habilidades suficientes para realizar lo que desean y resolver conflictos. Ellos y ellas buscan aplicar esas habilidades fuera de la familia, pero con la seguridad que les da el respaldo de su confianza y la sensación de ser apoyados por sus padres.

Los pares cobran gran importancia, con ellos desean pasar la mayor parte del tiempo y es el contexto en donde buscan ser aceptados con mayor interés. Con el grupo se dan esas primeras experiencias que les dejan una sensación de independencia y les refuerzan el sentido de ser capaces de establecer relaciones. ¿Recuerda la sensación que le provocaban las primeras veces que salió en grupo con sus amigos al cine, a una fiesta o cuando se involucraba en un proyecto ideado con sus compañeros?

Los adolescentes observan qué tipo de conductas y actitudes les sirven para integrarse al grupo y cuáles les producen el efecto contrario. Esto puede ser fuente de conflictos internos pues a veces sienten que no pueden o no quieren ser como se esperaría para que los acepten. Adoptan, en otros momentos, ciertas conductas por sentirse presionados para seguir perteneciendo al grupo. Ocultan sentimientos que creen que no son bien vistos, como la ira y el temor, y tras una fachada de gran seguridad luego se muestran agresivos, retadores y descalificadores con nosotros o incluso con sus compañeros para compensar la inseguridad y dudas que tienen sobre ellos mismos.

La sexualidad cobra un significado distinto a esa edad, es una fuente de nuevas emociones y sensaciones frente a las cuales no siempre se sabe cómo reaccionar. Los adolescentes necesitan integrarla a sus nuevos esquemas, aceptarla y sentirse cómodos con ella, con lo cual serán más capaces de tomar decisiones responsables al respecto y vivirla de manera positiva. Así, al igual que el hecho de que confiemos en sus capacidades les da mayor seguridad, aceptar su sexualidad facilita que ellos la asuman y manejen con más soltura, pues es más sencillo cuestionarse, hablar, negociar, negarse, aplazar o realizar con responsabilidad algo que se acepta que se tiene, que algo que hay que negar y evadir a toda costa, algo que avergüenza y se preferiría no tener.

Nosotros no estaremos presentes en las situaciones de presión de grupo ni en las primeras experiencias de todo joven; en el primer noviazgo, el primer beso, cuando se sientan obligados a besar a alguien, cuando les planteen la posibilidad de tener relaciones sexuales, cuando acepten una conducta agresiva en su contra por parte de su novio o su novia, cuando pongan una película pornográfica en una reunión de amigos o cuando nadie quiera bailar o platicar con ellos en una fiesta, pero podemos hablar sobre su sexualidad, sus sentimientos y sus dudas y, sobre todo, hacerles sentir ese apoyo y confianza con los que estarán mejor armados para enfrentar las nuevas situaciones que encontrarán llenos de emoción, ilusión, confusión y miedo.

QUÉ QUIEREN SABER

A diferencia de los púberes, cuyas dudas sobre las conductas sexuales suelen centrarse en aspectos que todavía les parecen ajenos, los adolescentes plantean sus interrogantes con otra perspectiva que, si bien responde con frecuencia a un interés más personal, no significa que lo que preguntan sea algo que ya hayan vivido o estén por hacer. Es decir, que quieran saber cómo se usa un condón no necesariamente implica que estén teniendo relaciones sexuales o que planeen hacerlo próximamente.

La vivencia y el mayor entendimiento de la menstruación, los cólicos, las erecciones, la lubricación vaginal, la eyaculación o el autoerotismo los llevan a otro tipo de interrogantes, como qué hacer si estás menstruando y quieres nadar, si los tampones rompen o no el himen o si es normal que su pene tenga una pequeña curvatura cuando tienen una erección. Por tanto, si bien ya hemos hablado con ellos en algún momento acerca del desarrollo, es muy probable que traigan el tema a la conversación en repetidas ocasiones con aspectos más específicos.

A esta edad, los jóvenes platican de los contactos, de cómo te acercas a una persona para besarla por primera vez, de los miedos y deseos de aceptar ese acercamiento, qué se siente y cómo se hace, asuntos que sólo en algunos casos se atreven a plantear a los padres. También les surgen dudas acerca de las caricias en zonas íntimas, las reacciones del cuerpo durante la excitación sexual y si se producen de igual manera en hombres y mujeres. Se interesan más en conocer el ciclo hormonal femenino y los periodos más fértiles, así como qué practicas implican riesgos de embarazo y cuáles no.

Las dudas existen, pero con frecuencia las comentan con amigos y amigas con quienes comparten los mitos que han escuchado al respecto. Así, lejos de encontrar respuestas reales, con frecuencia se quedan con la idea de que la primera vez que se tienen relaciones sexuales no es posible el embarazo, que las pastillas anticonceptivas pueden funcionar si te tomas una el día de la relación, que dos condones dan más protección que uno solo o que los lavados vaginales pueden ser la solución para evitar el riesgo de embarazo.[3] También comparten mitos como el de que al tener

---

[3] Para más información sobre los mitos que existen en la adolescencia acerca del emba-

relaciones sexuales la cadera de las mujeres se ensancha; que los hombres dejan de crecer si se masturban mucho o que el VIH sólo se transmite si el hombre eyacula dentro de la vagina.

Muchos adolescentes consideran que no es suficiente su conocimiento de los diversos temas sobre la salud sexual y desearían saber más acerca de las infecciones de transmisión sexual, el desarrollo, el cuerpo, la reproducción, el noviazgo, las relaciones sexuales y los anticonceptivos (véase Secretaría de Salud, *Evaluación del programa de salud sexual y reproductiva para adolescentes*). Aun cuando hablan mucho sobre sexualidad, les hace falta información fidedigna.

Además de hablar directamente con nuestros hijos y dejar la oportunidad abierta de seguir conversando de estos temas en pláticas ocasionales, existe la posibilidad de que reciban educación de la sexualidad de manera más formal dentro de la escuela, en un contexto en el que puedan intercambiar opiniones con sus pares, reflexionar sobre diversos puntos guiados por personal preparado y consultar información certera y completa. A su vez, podemos reunir buenos libros dirigidos a los jóvenes y dejarlos a su alcance para que los lean cuando lo deseen, o darles la posibilidad de que asistan a algún taller y que platiquen a solas con un médico o con un especialista que pueda aclararles dudas que les incomode plantear a sus propios padres.

LA AUTOESTIMA Y LAS RELACIONES

Además del interés en saber más sobre el cuerpo y sobre las sensaciones que experimentan, los jóvenes de esta edad también están muy preocupados por su aspecto y sus capacidades sociales y de relacionarse en pareja, por lo que muestran especial interés en temas que les ayuden a reforzar esa parte y les hagan sentirse seguros y adecuados en las nuevas situaciones sociales. Hablar de sexualidad también implica abordar las experiencias de rechazo por parte de alguien que les gusta, aprender a poner límites y que expresen sus sentimientos, deseos y decisiones de manera asertiva. Ayudarles a fortalecer su autoestima es un paso fundamental.

A veces adoptamos ciertas actitudes con la intención de motivarlos a tener conductas que nosotros consideraríamos más deseables, pero que en realidad poco les ayudan a fortalecer la seguridad en sí mismos. Por ejemplo, el compararlos con alguno de sus hermanos diciendo "Deberías apren-

---

razo y los métodos anticonceptivos, así como sobre el funcionamiento real de cada uno de ellos, véase Vivianne Hiriart, *¿Cómo funcionan? Todos los métodos anticonceptivos*.

der de tu hermana, que sí saca buenas calificaciones y es muy graciosa", deja la sensación de que se espera que sean distintos de lo que son, que no son aceptados, y si se trata de medir sus logros en comparación con los de los demás, se crea una situación de competencia que genera ansiedad y angustia. Subrayar los errores con afirmaciones como "¿Qué, eres tonto y no entiendes?" o con frases que le hagan sentir que es él o ella quien está mal y no su conducta, lastiman la autoconfianza y dejan poco espacio para cambiar, pues según se entiende el inadecuado es el individuo. Hay una gran diferencia entre el mensaje "Me molesta lo que hiciste" y el "Me molestas tú". Poner a los hijos la etiqueta de buenos, inteligentes o exitosos en todo también puede ser limitante, pues deja la sensación de que no se pueden equivocar o de que un comportamiento distinto del esperado sería una gran decepción.

Según Nathaniel Branden, autor de varios libros sobre autoestima, hay obstáculos que dificultan el desarrollo de ésta, la cual se va forjando desde la infancia. Entre ellos se encuentran la falta de límites claros, el hacer sentir a la persona que no es suficiente, ridiculizarla o humillarla, intentar controlarla mediante la culpa y la vergüenza y hacerle sentir que es mala por naturaleza. Devaluar sus sentimientos, pensamientos y puntos de vista también afecta su autoestima, así como negar sus percepciones. Algunos ejemplos son cuando el adolescente dice que se siente triste porque se peleó con un amigo y le respondemos que ésa no es una razón para estar triste, que no puede sentirse así, o cuando afirma que un tío lo incomoda porque le hace insinuaciones sexuales y le respondemos que eso no es posible, o cuando afirma vivir algo como una agresión o ridiculización y le decimos que exagera.

La posibilidad de expresarse, de ser tomado en cuenta, de cuestionar, de cometer errores, de volver a intentar algo propuesto y, una vez más, la confianza de que es capaz y el reflejo de que es aceptado como es le dan mayor solidez y seguridad para desarrollarse como individuo y enfrentar las distintas situaciones que se le vayan presentando. Una de ellas es la relación de pareja. En esta etapa se dan los primeros ensayos amorosos, que suelen vivirse con gran intensidad. También en esas primeras relaciones hombres y mujeres llegan a engancharse en vínculos destructivos, confundiendo la posesión y los celos con amor, y con la idea de que nadie más los querrá o de que no son suficientemente buenos para tener otra pareja, permanecen en estas relaciones aceptando algunas veces altos grados de agresión, incluidos los golpes.

La violencia en la pareja muchas veces empieza a experimentarse desde el noviazgo a través de celos excesivos, gritos, intimidaciones o amenazas, así como mediante un restrictivo control de los tiempos, espacios, amistades, actividades y hasta el modo de vestir de la otra persona. De forma similar a los casos de abuso sexual, la persona violenta va creando un ambiente que merma la autoestima de la otra, le genera miedo y le dificulta salir de la situación. Utiliza la ridiculización en público, hace bromas que descalifican a la pareja y después lo niega, devalúa sus intereses, gustos y elecciones y hace creer que no es responsable de las reacciones agresivas, el mal humor o las fallas propias. La persona agredida suele encontrar una justificación a la situación, pero también, poco a poco se va aislando y guardando silencio acerca de lo que le sucede.

Como mencionamos en el segundo capítulo, hay creencias acerca de la masculinidad y la feminidad, así como de la interacción entre ambos sexos que crean un terreno más propicio para que relaciones como la referida se den y con frecuencia incluso parezcan normales, pero son enfermizas, destructivas y poco satisfactorias para los involucrados. Sentir el apoyo de las personas cercanas en lugar de negar lo que el agredido manifiesta puede ser de gran ayuda para darse fuerza y el impulso suficiente para salirse del enganche.

RELACIONES SEXUALES
Y PREVENCIÓN DE CONSECUENCIAS

Muchos jóvenes inician su vida sexual al final de la adolescencia. En México, según los resultados de la Encuesta Nacional de la Juventud 2000, 7 de cada 10 jóvenes con una vida sexual activa tuvieron su primera relación sexual entre los 15 y los 19 años.

El tema de la iniciación sexual plantea muchas dudas, desde si a las mujeres les debe doler y si deben sangrar como resultado de la ruptura del himen que supuestamente denota su virginidad, hasta qué deben hacer y cómo prevenir las consecuencias.

Sobre la virginidad, cabe señalar que comúnmente las mujeres nacen con una membrana llamada *himen* que se encuentra unos centímetros hacia adentro de la entrada de la vagina. El himen puede ser más o menos flexible y resistente, por lo que en algunas de ellas puede permanecer intacto hasta el momento de su primer coito vaginal, mientras que en muchas otras se rompe en la infancia o adolescencia por una caída, al andar en bicicleta, abrir el compás de las piernas en toda su extensión o en otras situaciones que pueden hacer que la membrana se desgarre. Puede ser doloroso o no tanto, y puede que haya sangrado o no. Lo mismo sucede si el himen se rompe con la penetración, a veces duele y otras no, a veces sangra y otras no, y si a la mujer ya se le había roto en otra circunstancia eso no significa que ya no era virgen.

Existen muchos mitos y dudas acerca de cómo se puede prevenir el embarazo. Muchos jóvenes recurren a información falsa con la idea de que será efectiva, pero desgraciadamente no lo es. El coito interrumpido, es decir, cuando el hombre eyacula fuera de la vagina, es un método muy utilizado por los jóvenes, entre otras razones porque no necesitan tener un condón preparado y no hay riesgo de que alguien lo encuentre en la cartera o en el cajón de su buró, además de que confían en su funcionamiento. Sin embargo, el riesgo de este método está en que, por un lado, es difícil que un adolescente tenga total control del momento de la eyaculación y, por otro, que antes de la emisión de semen, desde el principio de la erección, salen por la uretra pequeñas gotas de un líquido que ayuda a limpiarla y que pueden llegar a contener espermatozoides, por lo que existe la posibilidad de embarazo y, por supuesto, también de infecciones de transmisión sexual. Otro método bastante utilizado es el ritmo o calendario, al que con frecuencia se recurre de manera incorrecta pues se piensa que si se tienen relaciones cinco días antes de la menstruación o en los cinco días posteriores no corren ningún riesgo. En realidad el método es más complejo que eso, además de que existe la posibilidad de que una mujer ovule en momentos distintos del esperado y con ello quede embarazada cuando no pensaba que esto sucedería. Sería conveniente que, si los jóvenes están pensando en iniciar su vida sexual, tuvieran acceso a información completa sobre los diferentes métodos a los que pueden recurrir y que fueran conscientes de la necesidad de usarlos si no desean embarazarse.

Si de prevenir infecciones de transmisión se trata, el condón es el único profiláctico que puede ayudar a ello ya que impide el contacto de las paredes de la vagina con el cuerpo del pene, así como el intercambio de fluidos.

EL VIH Y OTRAS INFECCIONES DE TRANSMISIÓN SEXUAL

El VIH/sida es quizá la infección de transmisión sexual de la que los jóvenes más han oído hablar; sin embargo, existen muchas otras más de las que también se deben proteger como la clamidia, el herpes, el virus de papiloma humano o la gonorrea. Algunas infecciones muestran síntomas visibles, pero muchas de ellas no, y tener un aspecto sano y una "buena reputación" no significa que la persona no pueda estar infectada. Con frecuencia escuchamos, incluso entre adultos, gente que dice que con tal persona no cree que tendría que protegerse de infecciones pues se ve muy "decente" o la conoce. No obstante, cualquiera puede adquirir las infecciones de transmisión sexual, por lo que es importante recordar que la buena prevención es la que está siempre presente, no unas veces sí y otras no.

El VIH, por ejemplo, no presenta ningún signo externo por el cual pudiéramos saber que alguien está infectado. No es hasta etapas avanzadas cuando podría haber manifestaciones como la pronunciada pérdida de peso, afecciones en la piel u otros signos que podrían llamar nuestra atención, pero la persona puede contagiar a otros desde el momento en que el virus invadió su cuerpo.

Cuando una persona tiene una relación o conducta de riesgo que le hace sospechar que pudo haberse infectado de VIH, debe esperar tres meses antes de hacerse una prueba de sangre que confirme o descarte su duda, ya que es después de ese periodo —llamado *de seroconversión*— cuando se pueden detectar los anticuerpos generados para combatir al virus. Si el diagnóstico es positivo, entonces la persona es seropositiva o vive con el VIH, lo cual no es lo mismo que tener sida. Con la ayuda de los tratamientos necesarios, la persona infectada puede hacer su vida prácticamente de manera normal, puede continuar con su trabajo, la convivencia con su familia y amigos, así como con sus actividades cotidianas. Conforme aumenta la carga de virus en su organismo y disminuye el número de células de su sistema inmunitario, la persona empieza a experimentar mayores dificultades. Sólo cuando las cuentas de células del sistema inmunitario bajan considerablemente (menos de 200 CD4) se considera que la persona tiene sida, pero entre el momento de la infección y éste pueden pasar muchos años. Los medicamentos ayudan a que la cantidad de virus y la de células CD4 (las células del sistema inmunitario que se ven afectadas por el virus) se mantengan relativamente estables; sin embargo, todavía no existe una cura para ello ni tampoco una vacuna. Por eso la prevención sigue siendo la mejor manera de frenar la pandemia.

Actualmente, según datos del Fondo de Población de las Naciones Unidas, la mitad de las nuevas infecciones por VIH se dan en jóvenes de entre 15 y 24 años. La información y educación que los adolescentes puedan tener al respecto será su principal arma para defenderse de este riesgo. Por eso es tan importante hablar abiertamente con ellos sobre el tema y procurar que tengan toda la información que puedan necesitar.

El contagio del virus, como mencionamos anteriormente, se da a través de las relaciones sexuales de riesgo, es decir, cuando hay intercambio de fluidos; por la sangre, o de la madre al hijo durante la gestación, el parto o la lactancia. Afortunadamente, hoy existen fármacos que pueden reducir considerablemente este riesgo para los recién nacidos.

Dentro de las prácticas sexuales, el sexo anal es el que representa un mayor riesgo, pues es más fácil que se abran pequeñas heridas que servirían de entrada al virus. Después sigue el sexo vaginal, mediante el cual la transmisión se da por el intercambio de fluidos vaginales, el semen y otras secreciones de los genitales. Por esta vía, las mujeres son de dos a cuatro veces más vulnerables que los hombres al contagio pues la cantidad de mucosa expuesta es mucho mayor. Y, por último, se encuentra el sexo oral, a través del cual es menos probable que se transmita, pero siempre es mejor prevenir y también existen métodos especiales para ello.

Además del VIH existen otras muchas infecciones de transmisión sexual causadas por virus, bacterias, hongos o parásitos. Muchas de ellas tienen cura, aunque para otras, como el herpes, sólo existen tratamientos de control. Todas ellas se contagian por contacto directo de los genitales u otras mucosas con la zona infectada, pero algunas también pueden transmitirse de otras formas. Los piojos púbicos o ladillas, por ejemplo, pueden adquirirse a través de ropa sucia, toallas o sábanas, y ciertas infecciones vaginales, como las ocasionadas por hongos, pueden aparecer cuando hay una baja en las defensas por circunstancias como el consumo de algún antibiótico, depresión u otras que no involucran la actividad sexual.

Para prevenir es importante que los jóvenes aprendan a tener una buena higiene diaria, que conozcan sus genitales para detectar cualquier anomalía, así como que sean capaces de aceptar y asumir sus propias conductas sexuales para facilitar la prevención usando condón adecuadamente, evitando los contactos cuando existe la sospecha de una infección, acudiendo al médico cuando es necesario y hablando con su pareja sobre estos temas.

En la mencionada Encuesta Nacional de Juventud hay un dato que llama la atención: son más los jóvenes que tienen relaciones sexuales que los que dicen que es adecuado tenerlas a esa edad, es decir, hay muchos que dicen pensar una cosa pero hacen otra sin realmente asumirla, y ése es uno de los factores que dificulta la prevención de consecuencias.

EPÍLOGO

La educación de nuestros hijos en lo que respecta a su sexualidad va mucho más allá de hablarles sobre ciertas partes del cuerpo, el desarrollo y la reproducción. Involucra lo que decimos y lo que no decimos, nuestras actitudes y creencias y las formas en que puede fortalecerse la confianza en sus propias percepciones y capacidades con nuestro apoyo y por medio de su proceso de desarrollo. Consiste también en aprender a ser respetuosos de los sentimientos y límites de los demás y en reconocer la importancia de hacerse responsables de los propios actos. Ellos van asumiendo lo que les permitirá ser niños, adolescentes y adultos sexualmente sanos y responsables y les será más fácil vivir ese aspecto de sus vidas de manera satisfactoria.

El aprendizaje de la sexualidad es un proceso que se da a lo largo de toda la vida, y si lo iniciamos de manera consciente desde las primeras etapas podremos avanzar en él de modo más congruente.

Recuerde: no hay una manera adecuada para todos de vivir la sexualidad, pero sí la posibilidad de que cada individuo aprenda a conocerse y aceptarse, de integrarla y vivirla como una parte más de todo individuo, una expresión creativa y amorosa de lo que cada uno es.

BIBLIOGRAFÍA

ABERASTURY, ARMINDA, y MAURICIO KNOBEL, *La adolescencia normal. Un enfoque psicoanalítico,* México, Paidós, 1996.

ÁLVAREZ-GAYOU, JUAN LUIS, *Sexoterapia integral,* México, Manual Moderno, 1986.

ÁLVAREZ-GAYOU, JUAN LUIS, y PAULINA MILLÁN ÁLVAREZ, *Sexualidad: los jóvenes preguntan,* México, Paidós, 2004.

AMERICAN FAMILY PHYSICIAN, "Patient information: When your child is close to puberty", *American Family Physician,* vol. 60, no. 1, julio de 1999, pp. 223-224.

BASS, ELLEN, y LAURA DAVIS, *El coraje de sanar. Guía para las mujeres supervivientes de abusos sexuales en la infancia* (trad. Amelia Brito), Barcelona, Urano, 1994.

BLONDELL, RICHARD D., MICHAEL B. FOSTER y KAMLESH C. DAVE, "Disorders of puberty", *American Family Physician,* vol. 60, no. 1, julio de 1999, pp. 209-222.

BRANDEN, NATHANIEL, *Cómo mejorar su autoestima* (trad. Leandro Wolfson), México, Paidós, 1998.

———, *Los seis pilares de la autoestima* (trad. Jorge Vigil Rubio), México, Paidós, 1998.

CASTAÑEDA, MARINA, *El machismo invisible,* México, Grijalbo / Hoja Casa Editorial, 2002.

CASTRO, ROBERTO, *La vida en la adversidad. El significado de la salud y la reproducción en la pobreza,* Cuernavaca, CRIM, 2000.

———, *Violencia contra las mujeres embarazadas. Tres estudios sociológicos,* Cuernavaca, CRIM, 2004.

CORNOG, MARTHA, "Group masturbation among young and old(er): A summary with questions", *Journal of Sex Education and Therapy,* vol. 26, no. 4, 2001, pp. 340-346.

EGLI, CATHY, "Controversies surrounding early childhood maturation", *The Journal of the San Francisco Medical Society,* vol. 76, no. 5, mayo de 2003 (http://www.sfms.org/sfm/sfm503b.htm).

ELSTER, JON, *Sobre las pasiones* (trad. J. Francisco Álvarez y Adriana Kiczkowski), Barcelona, Paidós, 2001.

FAUR, ELEONOR, "¿Escrito en el cuerpo?: Género y derechos humanos en la adolescencia", en Susana Checha (comp.), *Género, sexualidad y derechos reproductivos en la adolescencia,* Buenos Aires, Paidós, 2003.

FINKELHOR, DAVID, *Abuso sexual al menor. Causas, consecuencias y tratamiento psicosexual* (trad. Roberto Donaldi), México, Pax, 1980.

FONDO DE POBLACIÓN DE LAS NACIONES UNIDAS, *Estado de la población mundial 2004,* UNFPA.

FOSTON, NIKITTA A., "How and when to have: 'The big talk'", *Ebony. Chicago,* vol. 59, no. 9, julio de 2004, pp. 158-163.

GARCÍA, MARIANA, "Recuento 2003: Mujeres y VIH/sida", *Agencia Notiese,* 26 de noviembre, 2003.

GLASER, DANYA, Y STEPHEN FROSH, *Abuso sexual de niños* (trad. Alberto Ramón Padilla Quirno, colaboró Eduardo J. Padilla), Buenos Aires, Paidós, 1997.

GRIJELMO, ÁLEX, *La seducción de las palabras,* Madrid, Taurus, 2001.

GRUPO ESPECIAL DE TRABAJO PARA LA ADAPTACIÓN HISPANA/LATINA, *Guía para una educación sexual integral para la juventud hispana/latina: Kindergarten-grado 12,* Consejo de Información y Educación Sexual de Estados Unidos (SIECUS), 1995.

HAFFNER, DEBRA, *De los pañales a la primera cita. La educación sexual de los hijos de 0 a 12 años,* Madrid, Alfaguara, 2001.

HENRY SHEARS, KATHLEEN, "Estereotipos ponen en peligro la salud sexual. Se reta a los criterios tradicionales para fomentar el comportamiento sexual de menor riesgo", *Network en Español,* vol. 21, no. 4, 2002 (http://www.fhi.org/sp/networks/sv21-4/ns2142.html).

HERMAN-GIDDENS, MARCIA, y otros, "Earlier puberty for girls: Implications for sex education?", *Pediatrics,* 1997, no. 99, pp. 505-512.

HIRIART, VIVIANNE, *¿Cómo funcionan? Todos los métodos anticonceptivos,* México, Grijalbo, 2003.

———, "Discriminación a niños con VIH", *Quinsexual, Milenio Semanal,* no. 341, 29 de marzo de 2004.

———, "No en lo cotidiano", *Sextante, La Crónica de Hoy,* 7 de septiembre de 2004.

———, "Revise sus testículos", *Sextante, La Crónica de Hoy,* 7 de diciembre de 2004.

HIRIART, VIVIANNE, *Sexo. Todo lo que ha preguntado y le han contestado a medias*, México, Pax, 2005.

HIRIGOYEN, MARIE-FRANCE, *El acoso moral. El maltrato psicológico en la vida cotidiana* (trad. Enrique Folch González), Barcelona, Paidós, 1998.

INSTITUTO MEXICANO DE LA JUVENTUD, *Encuesta Nacional de la Juventud 2000*, México, Instituto Mexicano de la Juventud, 2000.

KAISER FAMILY FOUNDATION, *Survey of Americans on HIV/AIDS*, 15 de junio de 2004 (www.kff.org).

KATCHADOURIAN, HERRANT A. (comp.), *La sexualidad humana. Un estudio comparativo de su evolución* (trad. Héctor Libertella Riesco), México, Fondo de Cultura Económica, 1983.

KOLATA, GINA, "Doubters fault theory finding earlier puberty", *New York Times*, 20 de febrero de 2001.

LEE, PETER A., y HOWARD E. KULIN, "Age of puberty among girls and the diagnosis of precocious puberty", *Pediatrics*, vol. 107, no. 6, junio de 2001, p. 1493.

LOMAS, CARLOS, y MIGUEL ÁNGEL ARCONDA, "La construcción de la masculinidad en el lenguaje y en la publicidad", en Carlos Lomas (comp.), *¿Todos los hombres son iguales? Identidades masculinas y cambios sociales*, Barcelona, Paidós, 2003.

LÓPEZ JUÁREZ, ALFONSO, "Hacia una nueva cultura: La salud sexual", en *Hablemos de sexualidad: Lecturas*, México, Mexfam / Conapo, 1996.

MASTERS, WILLIAM H., VIRGINIA E. JOHNSON y ROBERT C. KOLODNY, *La sexualidad humana* (trad. Rafael Andreu y Diana Falcón), Barcelona, Grijalbo, 1995.

MÉNDEZ CÁRDENAS, LUIS, "La sexualidad en la infancia", en *Antología de la sexualidad humana*, t. II, México, Conapo / Porrúa, 1994, pp. 661-692.

MONDIMORE, FRANCIS MARK, *Una historia natural de la sexualidad* (trad. Mireille Jaumá), Barcelona, Paidós, 1998.

MONROY, ANAMELI, *Salud, sexualidad y adolescencia*, México, Pax, 1994.

ORTIZ, GEMA, *Aprende sobre tu sexualidad... ¡jugando! Para niñas y niños de 4 a 7 años*, México, AMSSAC, 2000.

PERRONE, REYNALDO, y MARTINE NANNINI, *Violencia y abusos sexuales en la familia. Un abordaje sistémico comunicacional*, Buenos Aires, Paidós, 1997.

PIÑONES VÁSQUEZ, ALMA PATRICIA, *La percepción del ser femenino y masculino de niñas y niños de los 9 a los 16 años*, manuscrito.

PRIETO LÓPEZ, MARÍA ISAURA, *Sexualidad infantil*, Puebla, Benemérita Universidad Autónoma de Puebla, 1998.

PROGRAMA CONJUNTO DE LAS NACIONES UNIDAS PARA EL VIH/SIDA (ONUSIDA), *Impact of HIV and sexual educaction on the sexual behavior of young people. A review updated,* ONUSIDA, 1997.

PROGRAMA CONJUNTO DE LAS NACIONES UNIDAS PARA EL VIH/SIDA (ONUSIDA), *Situación de la epidemia de sida. Diciembre de 2003,* informe presentado por ONUSIDA, 2003.

———, *Informe sobre la epidemia mundial de sida 2004*, ONUSIDA, 2004.

REINISCH, JUNE, y RUTH BEASLEY, *Nuevo informe Kinsey sobre sexo* (trad. Maricel Ford), Barcelona, Paidós, 1992.

REUTERS, *Many parents unaware of teen sex, study finds,* 12 de agosto de 2004.

RIESENFELD, RINNA, *Papá, mamá, soy gay. Una guía para comprender las orientaciones y preferencias sexuales de sus hijos,* México, Grijalbo / Hoja Casa Editorial, 2000.

SATIR, VIRGINA, *Nuevas relaciones humanas en el núcleo familiar* (trad. José Ignacio Rodríguez y Martínez), México, Pax, 2000.

SECRETARÍA DE SALUD, *Evaluación del programa de salud sexual y reproductiva para adolescentes,* México, Subsecretaría de Prevención y Control de Enfermedades, Dirección General de Salud Reproductiva, 2000.

SOMERS, CHERYL, y MATT W. EAVES, "Is earlier sex education harmful? An analysis of the timing of school-based sex education and adolescent sexual behaviors", *Research in Education*, no. 67, mayo de 2002, pp. 23-33.

SHULTZ, JASON, y WARREN HEDGES, "Escuchándonos hablar. Nexos entre la sexualidad masculina y las responsabilidades reproductivas", en Sondra Zeindenstein y Kirsten Moore, *Aprendiendo sobre sexualidad,* Population Council, Santiago de Chile, 1999.

TORRES FALCÓN, MARTA, *La violencia en casa,* México, Paidós, 2001.

WEEKS, JEFFREY, *Sexualidad* (trad. Mónica Mansour), México, Programa Universitario de Estudios de Género / Paidós, 1998.

WORLD POPULATION NEWS SERVICE POPLINE, "One in 5 have sex by age 15", *World Population News Service Popline,* vol. 25, mayo-junio de 2003.

SEXUALIDAD: LOS JÓVENES PREGUNTAN
JUAN LUIS ÁLVAREZ-GAYOU JURGENSON
PAULINA MILLÁN ÁLVAREZ

Hay pocos terrenos tan abonados con creencias falsas como el de la sexualidad. Esto se debe, en parte, a que la información con que muchos jóvenes cuentan proviene de personas tan mal enteradas como ellos o de otras fuentes poco fiables. En cambio, una educación sexual formal y profesionalizada, basada en información científica y veraz, además de fomentar el respeto a la diferencia, mejorar las relaciones entre hombres y mujeres y propiciar una sexualidad gozosa y libre, ayuda a prevenir diversos problemas, desde infecciones de transmisión sexual y conflictos de pareja, hasta violaciones y abusos sexuales infantiles. Esta enseñanza debe carecer de prejuicios y dar respuesta a las genuinas dudas de niños y adolescentes. En consonancia con tal propósito, aquí se reúnen y organizan temáticamente sus preguntas e inquietudes más frecuentes en torno al cuerpo, el amor, la sexualidad y las relaciones de pareja. Las respuestas fueron formuladas por profesionales del Instituto Mexicano de Sexología (Imesex). Su consulta será provechosa para los jóvenes, pero también para padres, docentes y público general.

También en Paidós Uno y los Demás

LA EDUCACIÓN FAMILIAR Y SUS DESAFÍOS
GERARDO MENDIVE

La educación no es ajena a los cambios que en épocas recientes han sacudido las estructuras sociales. Modalidades de enseñanza que en otro momento dieron resultado, ahora son ineficientes cuando no contraproducentes. Madres y padres de hoy no pueden educar de la misma manera como los educaron a ellos; sus tiempos no serán muy lejanos, pero tienen poco en común con los que corren. Tan importante como la educación de niños y adolescentes es, pues, la educación continua de los adultos responsables de criarlos. Este libro, que también será de interés para docentes, invita a reflexionar sobre el ejercicio de la paternidad en los tiempos actuales y arroja luz sobre las dudas y desconciertos que agobian a las familias de hoy. La paternidad responsable obliga a intervenir, tomar decisiones, correr el riesgo de equivocarse, pero siempre dispuestos a rectificar los inevitables errores y asumir amorosamente el compromiso con los hijos.

También en Paidós Uno y los Demás

EROTISMO EN LAS CUATRO ESTACIONES
Luis Mariano Acévez

La vida es un torrente de erotismo, pero muchas personas aún creen que la mejor manera de tratar la sexualidad es con el silencio, para evadir así la contundente realidad de su presencia en todas las edades: silencio para torear la curiosidad de los niños, para disciplinar a los desquiciados adolescentes, para contener la peligrosa inquietud de las mujeres, para no importunar la agenda de los hombres, para que los ancianos se limiten a ocupar su nicho en el altar familiar. En cambio, este libro-calidoscopio-ventana abierta defiende apasionadamente el derecho a la palabra erótica, pues sólo a través de ella se puede llegar a ese silencio elegido que es el diálogo con el propio corazón, el silencio del espíritu que ha sabido reconciliarse con el placer del cuerpo. Este oxigenante paseo por la sexualidad y sus manifestaciones en los distintos ciclos de la vida recorre el misterioso proceso que va del despertar a la libertad, de la culpa al gozo, pasando por los encuentros y desencuentros del amor, los sabores y sinsabores de la sexualidad, sus cantos y también sus lamentos. Es, en suma, una invitación al riesgo de vivir y de amar en las cuatro estaciones y con los cinco sentidos.

¿Cómo hablar de sexualidad con sus hijos?,
de Vivianne Hiriart,
se terminó de imprimir
y encuadernar en los talleres de Programas
Educativos, S. A. de C. V., calzada
Chabacano 65, local A, colonia Asturias,
México, D. F., el 31 de octubre de 2005.
En su composición y formación, realizadas
en computadora por Icónea Comunicación y Diseño
(tel. 044-55-2109-5378), se utilizaron tipos
Gill Sans y Arrus BT.